DOROTHEE DÖRING

Es reicht!

Was tun gegen
seelische Gewalt

W0180137

DOROTHEE DÖRING

Es reicht!

Was tun gegen
seelische Gewalt

Bibliographische Information der Deutschen Bibliothek

Die Deutsche Bibliothek verzeichnet diese Publikation in der
Deutschen Nationalbibliographie; detaillierte bibliographische Daten
sind im Internet über http://dnb.ddb.de abrufbar.

© 2011 by Sankt Ulrich Verlag GmbH, Augsburg
Alle Rechte vorbehalten
Umschlagbild: panthermedia.net – Grischa Georgiew
Umschlaggestaltung: uv media werbeagentur
Mediengruppe Sankt Ulrich Verlag, Augsburg
Druck und Bindung: Bercker Graphischer Betrieb GmbH & Co. KG, Kevelaer
Printed in Germany
ISBN: 978-3-86744-204-6
www.sankt-ulrich-verlag.de

INHALT

Einführung

Beziehungen zwischen Menschen sind bekanntlich nicht immer friedlich. Oft tut man sich gegenseitig Gewalt an. Thema dieses Buches ist aber nicht die körperliche Gewalt, sondern die seelische. Diese Art von Gewalt wird häufig unterschätzt, weil sie oft nicht erkannt wird und keine äußeren Spuren hinterlässt. Seelische Gewalt nähert sich unauffällig in Worten und Gesten. Sie erniedrigt, nimmt die Selbstachtung, macht ohnmächtig, hilflos und oft auch krank. Sie umfasst alle nicht handgreiflichen Gewaltformen, insbesondere die Gewalt durch Worte: Beleidigungen, Bloßstellungen, Erpressungen, Drohungen, ständige Kritik und Herabsetzung.

In diesem Buch schildere ich anhand konkreter Fälle aus meiner Seminarpraxis unterschiedliche Formen seelischer Gewalt und gebe Hinweise, wie sich Betroffene dagegen wehren können.

Zunächst wird in Teil I der Ursprung seelischer Gewalt in menschlichen Beziehungen beschrieben sowie die allgemein möglichen Abwehrstrategien.

In den Teilen II und III geht es um die konkreten Themenschwerpunkte: Seelische Gewalt in und außerhalb der Familie.

In Teil II lesen Sie über die oft problematischen Beziehungen von Eltern und Kindern, über seelische Gewalt in Partnerschaft und Ehe und über das „Schwiegermutterproblem".

In Teil III geht es um seelische Gewalt außerhalb der Familie, wofür der Begriff „Mobbing" benutzt wird, insbesondere am Arbeitsplatz, in der Schule, im Internet, im Bekanntenkreis und in der Nachbarschaft.

I. Seelische Gewalt und Abwehr

Destruktive Beziehungen – keine Gleichberechtigung und kein Wohlwollen!

Unvernünftige Lebensführung, Umweltverschmutzung und Stress bedrohen bekanntlich unsere Gesundheit. Noch größeren Einfluss auf die Befindlichkeit aber können unsere zwischenmenschlichen Beziehungen haben. Während sich Freundschaften positiv auf Lebensqualität und Langlebigkeit auswirken, erhöhen destruktive Beziehungen die Krankheitsanfälligkeit um ein Vielfaches. Sie können zu ernsthaften gesundheitlichen Schäden führen.

Wir alle haben schon die Erfahrung gemacht, welch zerstörerische Wirkung hässliche Worte und gemeine Handlungen haben können. Menschen sind verletzliche Wesen. Ein Schüler vergisst das ganze Leben nicht mehr, dass ihn ein Lehrer vor der Klasse bloßgestellt hat. Es ist erstaunlich, wie stark „toxische" Botschaften in unserer Seele Wurzeln schlagen können. Bevor die Seele mit psychosomatischen Beschwerden Alarm schlägt, ist es oft aus Selbstschutzgründen besser, sich von „toxischen" Beziehungen zu distanzieren. Voraussetzung dafür ist, dass wir erkennen, welche Konstellationen destruktiv sind.

Menschen haben eine Beziehung zueinander, wenn sie regelmäßig kommunizieren. Wer mit wem kommuniziert, ist eine sozial-strukturelle Frage. In der Familie gibt es die Eltern-Kind-Beziehungen, die Geschwisterbeziehungen, die Ehe- oder Partnerschafts-Beziehungen, die Beziehungen zu den Schwiegereltern, Großeltern oder Stiefeltern. Außerhalb der Familie lassen sich Freundschafts-, Bekanntschafts-, Geschäfts-, Kollegen-, oder Nachbarschaftsbeziehungen unterscheiden. Jede dieser strukturell unterschiedlichen Beziehungen wird beurteilt nach ihrer Dimension „Qualität".

Als positiv werden Beziehungen empfunden, wenn ihnen gemeinsame Interessen, gegenseitige Achtung, Zuverlässigkeit, Wertschätzung und Wohlwollen oder sogar Zuneigung und Liebe zugrunde liegen. Als negativ beurteilen wir Beziehungen, bei denen die entsprechenden negativen Merkmale vorliegen. Im Extremfall machen solche Beziehungen Menschen krank oder zerstören ihr Ego. Solche extrem negativen Beziehungen bezeichne ich in diesem Buch als destruktive[1] Beziehungen.

In destruktiven Beziehungen herrscht keine Gleichberechtigung zwischen den kommunizierenden Menschen und kein Wohlwollen. Stattdessen sind alle möglichen Facetten menschlicher Missgunst und Niedertracht, angefangen vom eisigen Schweigen bis zur körperlichen Gewalt zu beobachten. Zu erkennen ist ein „Täter-Opfer-Muster", der Täter oder Aggressor, der Gewalt ausübt, und das Opfer, das diese erleidet.

In diesem Buch gehe ich nicht auf das traurige Kapitel „körperliche Gewalt" in zwischenmenschlichen Beziehungen ein, sondern auf destruktive Beziehungen, in denen der Täter gegenüber dem Opfer seelische Gewalt[2] ausübt. Solche Beziehungen sind verhängnisvoll, weil sich das Opfer oft nicht gegen die seelische Gewalt wehren kann und sich nur mit erheblicher Anstrengung und selten ohne Hilfe aus der krankmachenden Beziehung befreien kann.

Seelische Gewalt nähert sich unauffällig in Worten und Gesten. Sie erniedrigt, nimmt die Selbstachtung, macht ohnmächtig und hilflos. Sie wird oft von Betroffenen nicht als Gewalt wahrgenommen, sie kann deshalb auch leichter versteckt werden. Sie umfasst alle nicht handgreiflichen Gewaltformen, insbesondere auch die Gewalt durch Worte: Beleidigungen, Bloßstellungen, Erpressungen, Drohungen, ständige Kritik und Herabsetzung. Seelische Gewalt kann bis hin zur totalen sozialen Isolation des Opfers reichen. Ebenso gehören zur seelischen Gewalt alle Handlungen, die das Selbstbewusstsein eines Menschen zerstören, sowie dominantes Verhalten, mit dem die Kontrolle über soziale Beziehungen und Aktivitäten des Opfers erreicht werden soll.

Woran liegt es, dass destruktive Beziehungen krank machen?

Wir wissen, dass Kränkungen krank machen können[3]. In destruktiven Beziehungen werden Kränkungen und alle anderen Formen seelischer Gewalt dauerhaft eingesetzt. Den immer wieder erfolgenden Aggressionen kann das Opfer nicht ausweichen. Es spürt seinen Kontrollverlust, seine Ohnmacht und Hilflosigkeit. Daraus folgen Niedergeschlagenheit, Antriebsarmut und Hoffnungslosigkeit. Können weder das Verhalten noch die Gefühle des Aggressors eingeschätzt werden, entsteht Angst. Fortwährende Angst schwächt die Immunabwehr, führt zu Kopfschmerzen, Verspannungen, Magen- und Darmbeschwerden. Entwickelt sich die Beziehung weiterhin negativ, kann es zu Feindseligkeiten kommen sowie zu Frustration, Zynismus und Verlust der Selbstachtung.

Seelische Gewalt hinterlässt Verletzungen, die zunächst unsichtbar sind, aber zur Traumatisierung führen können. Traumatische Zustände sind vielfach verbunden mit körperlichen und seelischen Erkrankungen.

Betroffene leiden an der Ausweglosigkeit ihrer Lebenslage und fühlen sich in ihrem Handlungsspielraum auf ein Minimum begrenzt. Sie nehmen Schaden an Leib, Seele und ihrer persönlichen Würde. Sie leiden an existenziellen und anhaltenden Ängsten, grundlegenden Verunsicherungen, Gefühlen der ständigen Bedrohung und Hoffnungslosigkeit.

Die meisten Menschen machen irgendwann in ihrem Leben einmal die Erfahrung mit einer destruktiven Beziehung und der seelischen Gewalt, die von ihr ausgeht, und stehen vor der Frage, wie sie sich dagegen schützen können.

Bewusstwerden und Abwehr

Voraussetzung jeglicher Bemühungen, seelische Gewalt abzu-
wehren, ist, dass diese dem Opfer als solche bewusst wird. Dies
setzt einen oft länger dauernden Erkenntnisprozess voraus.

Den Aggressor entlarven –
das Erkennen seelischer Gewalt

Oft ist unser Verstand erst nach und nach bereit, unsere negativen Gefühle richtig zu interpretieren und den „Aggressor" – also den Verursacher der Gewalt – als solchen zu entlarven. Hierfür gibt es Gründe:
• Die seelische Gewalt erfolgt in der Form der Manipulation.
• Die Aggressionen sind getarnt.
• Die Aggressionen sind indirekt oder verdeckt wie im Falle
des Mobbings.
• Das Opfer glaubt an das „Gute" in der Person des Aggressors.
• Das Opfer scheut sich, Konsequenzen zu ziehen.
  Ein verbaler Angriff kann mehr oder weniger unbeabsich-
tigt einen „wunden Punkt" treffen, er kann vorsätzlich offen
oder getarnt beleidigen oder bloßstellen und er kann in Form
der üblen Nachrede indirekt und verdeckt geführt werden.
  Unter Menschen bleibt es nicht aus, dass man gelegentlich
unabsichtlich in ein „Fettnäpfchen" tritt oder einen „wunden
Punkt" berührt. In diesem Fall ist der Verletzte im Vertrauen
auf das Gute in der Person des Aggressors – insbesondere
nach einer Entschuldigung – im Allgemeinen bereit, zu ver-

zeihen. Wenn er aber wiederholt mit taktlosen Bemerkungen verletzt wird, muss er sich überlegen, ob er das hinnimmt oder wie er sich dagegen wehren kann.

Wenn Menschen uns immer wieder spüren lassen, dass sie uns nicht guttun, sollte man sich von ihnen distanzieren. Das ist aber leichter gesagt, als getan. Insbesondere schrecken oft die finanziellen und sozialen Konsequenzen das Opfer ab, diese Entscheidung zu treffen. Dann sagt man lieber: „Ich sitze das aus!" In der Regel zahlt man für dieses „Aussitzen" bzw. für das „Vermeiden einer Entscheidung" einen hohen Preis, oft in Form von Krankheiten. Die Angst vor den Konsequenzen und der Hang zur Beschönigung oder Harmonie verhindern, dass das Opfer seelischer Gewalt diese klar erkennt, ja erkennen möchte. (Das ist auch bei den Opfern körperlicher Gewalt zu beobachten, wenn z. B. Frauen, die immer wieder von ihren Männer geschlagen werden, das nach außen als „gelegentliche Ausrutscher" beschönigen und zu ihren gewalttätigen Männern halten). Das gleiche Verhaltensmuster verhindert auch die Entlarvung getarnter Aggressionen. Wird beispielsweise in einem Kegelclub ein Witz zu Lasten eines Mitglieds gemacht, dann lässt sich das Opfer oft bereitwillig überzeugen, dass diese böse Anspielung „doch nicht so gemeint" war – behält aber ein ungutes Bauchgefühl. Oft muss man schon viel heruntergeschluckt haben, ehe man bereit ist, die getarnten Aggressionen – im wörtlichen Sinne – zu „erkennen".

Um getarnte Aggressionen zu erkennen ist es hilfreich, sich mit der Körpersprache zu befassen. Ob wir wollen oder nicht – unser Körper verrät unsere wahren Gefühle und Gedanken.

Seine nonverbalen Botschaften sind uns nicht bewusst, daher kaum zu kontrollieren und deshalb authentisch.

Die Körpersprache richtig zu verstehen[4] (Kopfhaltung, Augenpartie, Mundpartie, Armhaltung, Hände, Sitzhaltung, Stimme usw.), kann also von großem Vorteil sein. Eine Fülle von Zeichen und Signale geben Hinweise darauf, ob jemand lügt, wenn er z. B. sagt: „Ich freue mich sehr, dich wiederzusehen!"

Was ein Lügner sagt, passt nicht zu seiner Körpersprache, zu den beobachteten, i. R. unkontrollierten Bewegungen und der Haltung seines Körpers. Resultat: Man fühlt sich schlecht, weil man über die wahren Gefühle des anderen im Unklaren gelassen wird. Besonders, wenn Eltern gegenüber ihren Kindern solche „Doppelbotschaften" senden, erzeugen sie Angst, Orientierungslosigkeit, Unsicherheit und Selbstzweifel.

Einem Menschen, der manipuliert wird, fällt es besonders schwer, seelische Gewalt zu erkennen: Er leidet zwar, aber sucht die Schuld bei sich und nicht bei dem dominanten Aggressor. Die Ehefrau des gewalttätigen Mannes denkt: „Es ist ja richtig, dass ich bestraft werde, weil kein Bier im Haus war." Das Kind, das die Anforderungen der Eltern nicht erfüllen kann, denkt: „Ich darf nicht raus zu den anderen Kindern, weil ich nicht genug Geige geübt habe."

Die vielfältigen Spielarten seelischer Gewalt dienen dem Aggressor dazu, Macht über einen Menschen zu gewinnen oder zu behalten, um sich selbst besser zu fühlen. Er giert nach Bewunderung und Anerkennung und empfindet kein Mitgefühl für sein Opfer. Auffällig ist sein Bedürfnis, alles und jeden zu kritisieren. Auf diese Weise fühlt er sich überlegen.

Es lohnt sich, zu überlegen und konkret aufzuschreiben, welche Eigenschaften diese auf Sie „toxisch" wirkenden Personen haben und wodurch sie auf Sie so destruktiv wirken. Danach können Sie überprüfen, ob Sie den Kontakt in dieser Form aufrechterhalten wollen.

Haben Sie schließlich erkannt, dass Ihnen seelische Gewalt angetan wird, in welcher Form auch immer, geht es nun darum, Ihre seelische Widerstandskraft zu stärken mit dem Ziel, seelische Gewalt abwehren zu können.

Kreativ und flexibel reagieren – die Stärkung der seelischen Widerstandskraft

Während manche Menschen an seelischen Verletzungen fast zerbrechen, gelingt es anderen, diese einigermaßen gut zu „verkraften". Aus Krisen gehen sie – wie Stehaufmännchen – gestärkt hervor. Diese Menschen verfügen über ein hohes Maß an seelischer Widerstandskraft, der sogenannten Resilienz.

Resilienz bezeichnet die psychische Widerstandsfähigkeit von Menschen, die es ermöglicht, selbst widrigste Lebenssituationen und hohe Belastungen ohne nachhaltige psychische Schäden zu bewältigen.[5]
  Resiliente Menschen können kreativ und flexibel in Krisen reagieren. Belastungen erleben sie mehr als Herausforderungen denn als Probleme und sie erholen sich schnell von schlimmen Erlebnissen.[6]

Ihre allgemeine Grundhaltung ist: „Was auch immer auf mich zukommt, ich kann und werde eine Lösung finden. Ich kann etwas tun, um mich aus der Situation zu befreien."

Ermutigend ist es, zu wissen, dass seelische Widerstandskraft trainiert werden kann. Stellen Sie sich einen Boxer vor, der zu Boden geht, angezählt wird, wieder aufsteht, seine Taktik ändert und den Kampf erfolgreich zu Ende führt.

Was hilft uns, unsere seelische Widerstandskraft zu stärken:

• Eine zuversichtliche, optimistische Grundhaltung, die Überzeugung, dass wir Einfluss auf unser Leben haben und eine Lösung finden können.

• Die Fähigkeit, lösungsorientiert zu handeln, aus Fehlern der Vergangenheit zu lernen, sich zukünftige Entwicklungen vorzustellen, sich darauf einzustellen, und die Fähigkeit, flexibel auf Veränderungen zu reagieren.

• Kontakt zu Menschen, zu denen wir enge emotionale Bindungen haben, und die Fähigkeit, sie bei Problemen um Hilfe oder Unterstützung zu bitten.

Eine Metapher des griechischen Dichters Aesop (um 550 v. Chr.) verdeutlicht, was Resilienz ausmacht: Eine Eiche und ein Schilfrohr stritten über ihre Stärke. Als ein heftiger Sturm aufkam, beugte und wiegte sich das Schilfrohr im Wind. Die Eiche aber blieb aufrecht stehen und wurde entwurzelt.

Keine Patentrezepte – die Befreiung

Es ist schwer, sich gegen eine Gewalt zu wehren, die weder greifbar noch beweisbar ist und die doch verletzt. Bevor man etwas verändern und sich aus seelischer Gewalt befreien kann, muss man Mechanismen und Wirkungsweise seelischer Gewalt erkennen und seiner Wahrnehmung trauen. Aber es gibt leider keine Patentrezepte, sich aus seelischer Gewalt zu befreien. Grundsätzlich bestehen drei Strategien, sich der seelischen Gewalt zu entziehen:
• Das Opfer verlässt die Opferrolle.
• Das Verhalten des Aggressors wird zugunsten des Opfers beeinflusst.
• Das Opfer distanziert sich vom Aggressor.

Das Opfer verlässt die Opferrolle
Das Opfer könnte den Aggressor ignorieren oder „auflaufen" lassen. Wenn man auf die Attacken des Aggressors nicht mehr reagiert und scheinbar unbekümmert darüber hinweggeht, verliert der Angreifer das Interesse.

Das Opfer seelischer Gewalt könnte auf inneren Rückzug gehen und sich dadurch seelisch immunisieren. Man macht „innerlich dicht" und ist somit nicht mehr verletzbar.

Beide Strategien signalisieren dem Aggressor: „Ich verstehe deine Absicht, stehe aber nicht mehr als Opfer zur Verfügung."

Aber leider sind die meisten Opfer seelischer Gewalt so verunsichert, dass sie nur mit Hilfe eines Therapeuten aus der Opferfalle herausfinden und sich von Schuldgefühlen und schließlich aus dem kranken Beziehungsmuster befreien können.

Das Verhalten des Aggressors wird zugunsten des Opfers beeinflusst

Das Opfer könnte auch die Strategie der Konfrontation anwenden, d. h. mit der gleichen Methode des Täters vorgehen und den Spieß umdrehen. Das dürfte dem Aggressor irgendwann zu anstrengend werden.

Darüber hinaus könnte sich das Opfer dem Aggressor entgegenstellen, ihm Einhalt gebieten, um den Teufelskreis permanenter seelischer Verletzungen zu durchbrechen.

Eine Verhaltensänderung des Aggressors könnte schließlich dadurch herbeigeführt werden, über Gespräche an die Einsichtsfähigkeit des Täters zu appellieren. Wenn es im Guten nicht möglich ist, das Verhalten des Täters zu beeinflussen, könnten Konsequenzen angedroht werden (Rechtsweg, Trennung, Kontaktabbruch).

Sind die angeführten Strategien nicht erfolgreich, besteht nur noch die „ultima ratio", sich von dem Aggressor zu distanzieren.

Das Opfer distanziert sich vom Aggressor

„Loslassen" ist zum Schlüsselwort unserer Zeit geworden: Destruktive Beziehungen, die einem hauptsächlich schaden, beenden, einen Schlussstrich ziehen unter Irrtum und Verlust, falsche Entscheidungen wieder rückgängig machen, sich lösen von Illusionen und zu hochgesteckten Zielen.

Sehr viele Menschen würden all dies gerne tun, und doch verharren sie oft in Passivität. Jede Trennung bedeutet einen mit Wehmut verbundenen Abschied von Lebensinhalten und Gewohnheiten. Das verursacht Verlustängste, die viele Menschen vor konsequenten Schritten zurückschrecken lassen, was durchaus verständlich ist.

Meistens glaubt das Opfer an das „Gute" in der Person des Aggressors und es wehrt sich dagegen, sich mit der Realität zu konfrontieren, weil es sich scheut, Konsequenzen zu ziehen.

Wer etwas verändern und sich gegen seelische Gewalt wehren will, muss zuvor sein Leben überdenken. Am Ende dieser Reflexion sollte die Frage stehen: „Warum lasse ich das zu? Bleibe ich in der Opferrolle oder wehre ich mich?" Nach dem Erkenntnisprozess sollten Sie eine Entscheidung treffen! Das bedeutet, dass sie sich gegen eine Opferrolle entscheiden. Aber gerade das ist für viele das zentrale Problem. Sie trauen sich eine selbstbestimmte Kurskorrektur nicht zu, weil ihnen das schleichende Gift einer jahrelang erduldeten seelischen Gewalt ihr Selbstbewusstsein genommen hat. Hinzu kommt eine fehlende seelische Widerstandskraft und Stärke.

Eine Trennung ist im Allgemeinen ein einschneidendes Ereignis, das viel Mut und seelische Stärke verlangt, deshalb sollte diese Entscheidung auch nur dann getroffen werden, wenn alle anderen Lösungswege erschöpft sind.

Ich kenne Frauen, die in ihrem Kleiderschrank noch Sachen liegen haben, die sind so alt, dass sie sie bestimmt nie wieder tragen werden und auch keine Hoffnung besteht, dass sie wieder hineinschrumpfen könnten. Aber sich davon trennen? Nein, kommt nicht in Frage. So fällt es auch schwer, sich von destruktiven Beziehungsmustern zu trennen, wenn sie über Jahre hinweg andauern. Weil sie einem vertraut sind und man Angst vor Veränderungen hat.

Nach diesen allgemeinen Ausführungen über seelische Gewalt und ihre Abwehr lesen Sie in den folgenden Teilen, über die Spielarten seelischer Gewalt in besonderen menschlichen Beziehungen und über die Möglichkeiten, sich ihrer zu erwehren.

II. Seelische Gewalt in der Familie

Eltern und Kinder

Besonders tief wirken seelische Verletzungen, die uns von Menschen zugefügt werden, die uns besonders nahe stehen, wie die Mitglieder unserer Familie.

Es geht in diesem Kapitel um seelische Gewalt von Eltern gegenüber ihren Kindern, seelische Gewalt von Kindern gegenüber ihren Eltern und seelische Gewalt unter Geschwistern.

Seelische Gewalt von Eltern gegenüber ihren Kindern

Nicht jeder Mensch hatte ein Elternhaus, in dem er sich wohl und geborgen fühlen konnte. Es gibt viele Erwachsene, die als Kind in ihren Familien seelische Gewalt erfuhren und darunter ein Leben lang leiden.

Bei seelischer Misshandlung wird ein Kind psychischen Bestrafungen ausgesetzt, z.B. durch Nichtbeachtung oder durch ständige demütigende Bevorzugung eines Geschwisterkindes, durch Verängstigung, Isolierung oder Liebesentzug. Seelische Gewalt spielt sich im Verborgenen ab und wird daher nicht so wahrgenommen wie andere Formen der Kindesmisshandlung.

Seelische Gewalt wird nicht selten als „Erziehungsmethode" verharmlost oder maskiert. So hat eine autoritäre Erziehung – Alice Miller spricht von „Schwarzer Pädagogik" – den Zweck, „den Willen des Kindes zu brechen, um aus ihm ein fügsames und gehorsames Wesen zu machen."[7] Eltern, aber auch Bezugspersonen von Kindern (Lehrerinnen und Lehrer oder Betreuende) greifen im Alltag aktiv wie auch passiv, d.h. ohne es zu wollen oder gar zu merken, zu dieser Art der Gewalt.

Die im Folgenden geschilderten Formen seelischer Gewalt werden oft kombiniert ausgeübt. Sie haben das Ziel, die Leistung und das Verhalten des Kindes zu beeinflussen und richten sich im schlimmsten Fall gegen das Sein des Kindes an sich.

Ein Angriff auf das Sein des Kindes ist zu erkennen,
• wenn es gedemütigt, lächerlich und kleingemacht wird,
• wenn es das Gefühl bekommt, unerwünscht zu sein und abgelehnt zu werden,
• wenn es gegenüber seinen Geschwistern ständig benachteiligt wird,
• wenn es ausgegrenzt wird.

Eine (seelisch schädigende) Einflussnahme auf die Leistung und das Verhalten des Kindes besteht,
• wenn Liebe als Tauschgegenstand für Leistungen oder Verhalten eingesetzt wird,
• wenn das Kind z. B. verängstigt, bedroht, oder isoliert wird, um ein bestimmtes Verhalten zu erreichen,
• wenn an ein Kind bezüglich seines Alters übertriebene oder unverhältnismäßige Anforderungen gestellt werden,
• wenn ein Kind seelisch manipuliert wird.[8]

Leistungsdruck – Es kommt auf das Maß an

Mit „Kindern" meine ich die drei- bis 15-Jährigen, die im Haushalt der Eltern leben und von ihnen wirtschaftlich und sozial abhängig sind.

Alle ihre Erziehungsaufgabe ernst nehmende Eltern stellen Anforderungen an Leistung und Verhalten der Kinder. Soweit hat das mit „seelischer Gewalt" nichts zu tun. Es kommt – wie häufig im Leben – auf das Maß an. Häufig sind es Außenstehende, die Übertreibungen erkennen und mit ansehen (müssen), dass ein Kind unter den Anforderungen seiner Eltern leidet.

Der Leistungsdruck der Eltern auf ihre Kinder führt nicht selten zu deren Überforderung. Der Grund für eine Überforderung des Kindes liegt in einer unangemessenen Erwartungshaltung der Eltern[9]. Oft wird vom eigenen Kind erwartet, etwas zu leisten oder zu Ende zu bringen, was die Eltern selbst nicht geschafft haben, es wird quasi zur Projektionsfläche elterlichen Ehrgeizes. Unter diesem Erwartungsdruck versuchen sehr angepasste Kinder, ihre Eltern nicht zu enttäuschen. Diejenigen aber, die die Erwartungen ihrer Eltern nicht erfüllen können, werden im schlimmsten Fall als Versager abgelehnt.

Carsten, 32:

Mein Vater war Arzt mit eigener Praxis, die er von meinem Opa übernommen hatte. Von mir wurde erwartet, dass ich die Familientradition fortsetze, in die Fußstapfen meines Vaters trete und sein Lebenswerk weiterführe.

Ich habe zwar immer mal durchblicken lassen, dass ich es mir nicht vorstellen könne, Arzt zu werden, aber meine Eltern bauten einen so enormen Erwartungsdruck auf, dem ich mich nicht entziehen konnte. Also begann ich mit dem Medizinstudium. Sehr bald schon merkte ich, dass das nicht meine Welt war, und bestimmt nicht das, womit ich mich über Jahrzehnte beschäftigen wollte. Um bei meinen Eltern nicht als „Abbrecher" oder als „Versager" dazustehen, zögerte ich einen Fakultätswechsel unnötig lange hinaus. Nach einer längeren Auszeit (Auslandsaufenthalt) habe ich meine Orientierung gefunden. Zum Kummer meiner Eltern brach ich das Medizinstudium ab und begann, Geschichte und Deutsch für das Lehramt zu studieren. Für meine Eltern war das wie eine Kapitulation und ich der Versager. Sie hatten mir mehr zugetraut und waren enttäuscht, dass ich ihren Erwartungen nicht entsprach und mich über die Tradition hinwegsetzte. Ob ich als Arzt glücklich geworden wäre, interessierte sie in diesem Zusammenhang nicht.

Eltern, die zum Bildungsbürgertum gehören, erwarten von ihren Kindern, dass sie sich milieugerecht verhalten, den Status halten oder noch mehr erreichen. Eltern aus einfachen Verhältnissen wünschen sich häufig, dass ihre Kinder ihre Träume erfüllen und das erreichen, was sie selbst nicht erreicht haben. Oft werden Kinder auch zu etwas gezwungen, was ihnen gar nicht liegt und sie gar nicht möchten. Es gibt zahlreiche „Tennisväter" und „Eislaufmütter", die ihre Kinder unter Druck zu Höchstleistungen anspornen und sie dazu missbrauchen, ihre eigenen Träume zu erfüllen. Um das zu erreichen, schränken Eltern wichtige soziale Kontakte mit anderen Kindern ein oder sie verbieten sie sogar, um ihr Kind vor „schädlichen Einflüssen" zu schützen. Sie tun ihren Kindern damit aber seelische Gewalt an und hindern sie daran, wichtige Erfahrungen zu machen.

Das Kind, das zum Üben z. B. eines Musikinstrumentes, zu Höchstleistungen im Eiskunstlauf, im Ballett oder zum stundenlangen Schachspiel gezwungen wird, ist seinen Eltern wehrlos ausgeliefert. Dem Kind wird von der Mutter suggeriert, dass sein Glück im Applaus und im Erringen von Preisen bei Wettbewerben bestünde. Gleichzeitig kommen aber viele andere Begabungen des Kindes überhaupt nicht zur Entfaltung. Abzugrenzen sind dagegen jene seltenen Fälle, bei denen frühzeitig, also etwa im Alter von drei bis fünf Jahren eine besondere Begabung des Kindes entdeckt wird, die dann von den Eltern gefördert wird.

Der seelisch schädigende Einfluss der Eltern betrifft nicht nur die Leistung, sondern auch das Verhalten des Kindes. Bekannt sind z. B. die Einengung und Unterdrückung der Kinder von Sektenangehörigen und die Verletzung der Menschenwürde in fundamentalistischen Familien (Beispiel: Zwangsheirat in anderen Kulturen). Ebenfalls eine Form seelischer Gewalt liegt vor, wenn Kindern verboten wird, über sogenannte Familiengeheimnisse zu sprechen. (s. Weiterführende Literatur (1) und (2) im Anhang)

Entscheidend ist, dass sich ein Kind gegen seelische Gewalt seiner Eltern erst wehren kann, wenn es beginnt, seine eigene Denk- und Urteilsfähigkeit zu entwickeln, also etwa ab 14 Jahren. Bis dahin ist es dem elterlichen Einfluss hilflos ausgeliefert.

Keine Vorwürfe – die Manipulation des Kindes

„Manipulation" in dem hier verwendeten Sinne ist eine Beeinflussung des Kindes durch die Eltern, bei der dem Kind zunächst nicht bewusst wird, dass sein Verhalten von den Eltern oder einem Elternteil maßgeblich gesteuert wird. Der Druck, eine besondere Leistung zu erbringen, wie im vorigen Abschnitt geschildert, trägt deshalb mindestens bis zu dem Alter, in dem das Kind zu denken anfängt, auch manipulative Züge. Oft erkennt man die Manipulation erst als Erwachsener und bedauert dann den Verlust der Jugend, die von den Eltern, meist der Mutter, dominiert war.

Eine häufig zu beobachtende Form der Manipulation ist die Überbehütung des Kindes durch die Mutter. Der Schutz einer Mutter ist natürlich und lebenswichtig, solange ein Kind darauf angewiesen ist. Er wird aber schädlich und verhindert die Entwicklung zum eigenständigen erwachsenen Menschen, wenn die Mutter nicht „loslassen" kann, obwohl das Kind in der Lage wäre, Verantwortung für sich selbst zu übernehmen. Solche Kinder, die auch noch im jungen Erwachsenenalter in Symbiose mit ihren Müttern leben, lernen aus Angst vor Liebesentzug nicht, sich abzugrenzen und ihren eigenen Willen durchzusetzen, und bleiben so quasi ein Teil ihrer Mütter. Diese Störung in der Mutter-Kind-Beziehung hat Auswirkungen auf das spätere Leben als Erwachsener: Das Kind überträgt das erlernte Verhaltensmuster auf alle weiteren menschlichen Beziehungen, was daran erkennbar ist, dass es seine eigenen Gefühle zugunsten der anderer Menschen zurückstellt.[10]

Sandra, 36:

Ich bin seit fünf Jahren verheiratet und habe seit einiger Zeit Probleme mit meinem Mann, die ich mir aber selbst nicht erklären konnte. Wiederholt stellte ich fest, dass ich immer bei mir die Schuld suchte, wenn er schlecht drauf war.

Wenn er abends frustriert von der Arbeit kam, konnte ich seine schlechte Laune ja noch verstehen, aber mit der Zeit wurde er immer nörglerischer. An allem hatte er etwas auszusetzen. „Warum hast du dir denn schon wieder einen Pullover gekauft? Du hast doch schon 50. Guck mal in den Kleiderschrank! Da passt ja gar nichts mehr rein!" Oder: „Kannst du nicht einmal deine Schuhe dahin stellen, wo sie hin gehören. Deine Unordnung macht mich noch verrückt!" Egal, ob es ein warmer Sonntagmorgen mit blauem Himmel war, er hatte immer etwas an mir zu kritisieren. Natürlich habe ich alles mit meiner besten Freundin besprochen, aber helfen konnte sie mir auch nicht.

Das hat mich alles sehr belastet. Ich sah die Schuld bei mir.

Irgendjemand gab mir dann den Ratschlag, zu einem Therapeuten zu gehen. Bei der Analyse trat zutage, dass ich meinem Mann gegenüber genauso reagierte wie früher gegenüber meiner Mutter. Es handelt sich bei meinen Eheproblemen offenbar um die Wiederholung eines gelernten Verhaltensmusters. Ich muss dazu sagen: Ich war ein Einzelkind und ich liebe meine Mutter und bin ihr sehr dankbar. Noch heute telefonieren wir fast täglich und ich besuche sie mindestens einmal in der Woche.

Trotzdem ist sie meistens unzufrieden und beklagt sich, wenn ich einmal nicht pünktlich komme. Dann fühle ich mich wieder schlecht. Inzwischen habe ich erkannt, dass ich mich von ihr nicht mehr manipulieren lassen darf (sagt der Therapeut!). Schwieriger verhält es sich schon mit meinem Mann. Wenn ich mit ihm über Probleme sprechen möchte, sagt er immer: „Musst du mir schon wieder die Laune verderben?" Dann packt mich die kalte Wut. Ich schmeiße die Türe zu und gehe in mein Zimmer. Im Grunde wünschte ich mir, mit meinem Mann über das reden zu können, was mir nicht gefällt und worunter ich leide. Das traue ich mich aber nicht – jedenfalls jetzt noch nicht –, weil ich weiß, wie er dann reagieren wird. Ich weiß nicht, wie das noch weitergeht ...

Der Erwachsene hat die Möglichkeit, sich gegen die geschilderte Art seelischer Gewalt durch die Mutter zu wehren, indem er sich zunächst seiner Situation bewusst wird (Erkenntnisprozess) und zweitens der Mutter Grenzen setzt:
• Wenn Sie als Kind gewohnt waren, die Gefühle ihrer Mutter immer wichtiger zu nehmen als ihre eigenen, versuchen Sie, evtl. mit Hilfe von Autosuggestion zu lernen, dass Sie ein Recht auf eigene Gefühle haben.
• Sie müssen sich bewusst machen, dass Sie für die Gefühle ihrer Mutter nicht verantwortlich sind.
• Sie werden erkennen, dass Sie sich in einer emotionalen Abhängigkeit befanden und sich nur dadurch daraus befreien können, indem sie das tun, was ihnen wichtig ist.
• Setzen Sie Ihrer Mutter Grenzen.
• Das durchzusetzen kann zu Konflikten führen, z.B., dass die Mutter beleidigt ist, weil sie nicht bekommt, was sie will und

droht, sich abzuwenden. Sie müssen sich mit dem Schmerz konfrontieren, die diese Gegenreaktion in Ihnen auslöst.

Die enge Mutter-Kind-Bindung ist natürlich nicht auf Töchter beschränkt. Das illustriert das folgende Beispiel:

Dieter, 51:

Die Beziehung zu meiner Mutter war schon immer sehr schwierig. Sie hatte ganz sicher kein einfaches Leben. Inzwischen ist sie fast 72, war dreimal verheiratet und hat sehr viel mitmachen müssen, wodurch sie sicherlich einige psychische Wunden zurückbehalten hat: Panikattacken, egozentrisches Verhalten, Verlustängste und meiner Meinung nach ein recht realitätsfremdes Weltbild, immer im Mittelpunkt stehen wollen, Aufmerksamkeit auf sich ziehen egal wie etc. ...
Schon als ich in der Pubertät war, hat sie mir gezeigt, wie sehr emotional abhängig sie von mir ist und hat mich damit emotional erpresst. Ich war 13 und im Ferienlager, als sie mir einen Brief schrieb, in dem stand, dass sie sich wie amputiert von mir fühle, weil ich so weit weg sei. Ich war zum ersten Mal alleine längere Zeit von zu Hause fort und sie schrieb mir von den schlimmen Erlebnissen ihrer zweiten Ehe. Ich wusste nicht wohin mit mir, meinen Gefühlen, meinen Schuldgefühlen, weil ich jetzt soweit weg von ihr war und ihr nicht beistehen konnte. Zum Glück hatte ich eine nette Gruppenleiterin, die sich stundenlang mit mir darüber unterhielt und bei der ich meine Ängste und Sorgen loswerden konnte.

So zog es sich durch mein ganzes Leben. Wie oft wollte sie sich umbringen wenn sie im Streit mit meinem Stiefvater nicht weiter wusste mit Argumenten. Sie schloss sich im Gäste-WC ein, wo der Medizinschrank war, und es war ihr egal, dass ich schreiend und gegen die Tür hämmernd draußen stand und Angst hatte, dass sie sich etwas antun würde. Oft ist sie einfach im Streit weggelaufen und mein Stiefvater und ich mussten sie suchen. Später als mein Stiefvater starb, erpresste sie meine Aufmerksamkeit auch häufiger damit, dass sie Suizid androhte. Ich war mit dem ganzen Stress so überfordert, dass ich Panikattacken bekam und in Therapie musste. In dieser Phase hatte meine Mutter einen neuen Partner und ließ mich einfach hängen. Sie meinte, ich sei doch nicht todkrank, ich solle mich nicht so anstellen.

Irgendwann hatte ich dann auch ein halbes Jahr keinen Kontakt mehr zu ihr, weil ich nicht mehr konnte.

Nachdem ich mich wieder erholt hatte, fand ich eine nette Partnerin. Als ich meiner Mutter davon erzählte, war ihr erster Kommentar in weinerlicher Stimme: „Na toll, dann habe ich ja jetzt gar nichts mehr von dir!" Statt sich mal für mich zu freuen, ging es ihr immer um ihre Bedürfnisse. Da war ich schon wieder so wütend (Stichwort emotionale Erpressung), dass ich kaum mehr Lust hatte, zu ihr zu fahren. Seitdem bombardiert sie mich ständig mit Briefen, in denen sie mir vorhält, dass andere Söhne ihre Mütter auch öfter mal abholen und sich um sie kümmern, obwohl sie berufstätig sind etc. Und sie wäre ja auch immer Arbeiten gewesen und hätte trotzdem Zeit gehabt für ihre Eltern und Kinder. Wenn ich sie darauf anspreche, verstehe ich das natürlich alles total falsch und das sind keine Vorwürfe. Ich sei nur einfach nicht so belastbar und sie wüsste ja gar nicht, woher ich das habe, sie hätte schließlich auch gelernt zu kämpfen und wenn das nicht so gewesen wäre, wäre sie heute nicht mehr am Leben.

Mein Beruf im Außendienst fordert mich sehr und es bleibt mir nur wenig Zeit für mich und meine neue Partnerin. Natürlich könnte ich es öfter einrichten, zu meiner Mutter zu fahren. Aber ich will nicht, weil sie mich wütend macht, mir ständig ein schlechtes Gewissen einredet. Ich habe schon wieder Ohrensausen und häufiger Panikattacken, weil mich das alles ziemlich unter Druck setzt. Am liebsten würde ich den Kontakt abbrechen, weil es mir einfach überhaupt nicht guttut. Aber ich kann nicht, weil ich sie nicht im Stich lassen kann. Andererseits macht sie mich krank. Ich kann langsam nicht mehr.

Wie kann sich Dieter von seiner Mutter befreien?

Dieters Mutter beherrscht perfekt die Klaviatur seiner Gefühle. Dieter kann sich dieser destruktiven, krank machenden Beziehung nur entziehen, indem er feste Regeln im Umgang mit seiner Mutter einführt. Er muss sich aus der emotionalen Abhängigkeit von seiner Mutter befreien, d. h.:

• Er muss sich klar und unmissverständlich (ohne schlechtes Gewissen) positionieren und für sich herausfinden, was er tun möchte und was nicht.

• Er muss die Mechanismen der emotionalen Abhängigkeit gegenüber seiner Mutter erkennen und sich gegen Erpressungsversuche seiner Mutter immunisieren, notfalls mit Hilfe eines Therapeuten.

• Er muss klare Regeln für die Kommunikation aufstellen, dass er z. B. seine Mutter nur noch an Feiertagen besucht und nur einmal wöchentlich mit ihr telefoniert.

Erst dann ist er so frei, dass die Versuche seiner Mutter, ihm Vorwürfe zu machen oder ein schlechtes Gewissen einzureden, ins Leere laufen. Damit wäre die Mutter entmachtet und der Sohn von der Vereinnahmung durch seine Mutter befreit.

Eine besondere Form von Manipulation der Kinder durch ihre Eltern ist in familiären Ausnahmesituationen wie bei Trennung und Scheidung der Eltern zu beobachten. Im Regelfall wird in Deutschland seit 1998 Eltern generell das „gemeinsame Sorgerecht" für ihre Kinder übertragen. Voraussetzung dafür ist allerdings, dass die Eltern nicht verfeindet sind. Weil sich nicht alle Elternpaare in Freundschaft trennen, wird häufig vor Gericht um das „alleinige Sorgerecht" eines Elternteils erbittert gestritten. Während der eine Elternteil das alleinige Sorgerecht zugesprochen bekommt, erhält der unterlegene Elternteil nur das Besuchs- oder Umgangsrecht.

Da die Kinder beide Elternteile lieben und sich mit ihnen identifizieren, leiden sie unter der Trennung von einem Elternteil. Auch wenn regelmäßige Kontakte mit dem getrennt lebenden Elternteil stattfinden, ist es für ein Kind schmerzlich, nur noch mit einem Elternteil zusammenleben zu können. Häufig wird aber auch dieses Besuchs- oder Umgangsrecht von dem sorgeberechtigten Elternteil manipulativ ausgehebelt.

Oft geht diese Manipulation von den Müttern aus. Diese Mütter betrachten ihre Kinder als ihr persönliches Eigentum, über das sie die alleinige Verfügungsgewalt hätten. Sie programmieren (bewusst oder unbewusst, offen oder getarnt) das Kind gegen den Ex-Partner, den sie damit bestrafen oder sich an ihm rächen wollen. Das Ziel ist die vollständige Ausgrenzung des anderen Elternteils. Damit missbrauchen sie das Kind als Waffe.

Wer im Internet sucht, wird schnell fündig: Auf Dutzenden von Seiten schreiben Väter von ihren Schwierigkeiten, ihre Kinder nach einer Trennung weiterhin zu sehen. Es fallen Ausdrücke wie „entrechtete Väter", „entsorgte Väter", „Erzeuger". Es ist viel zu lesen über „Umgangsvereitelung" oder sogar von „ausgedachten Missbrauchsvorwürfen". Einige Männer beschreiben, wie sie jahrelang darum kämpften, ihre Kinder sehen zu dürfen, und wie ihre Ex-Partnerinnen das vereitelten.

Sebastian, 41:

Ich sehe meine beiden kleinen Töchter alle zwei Wochen für acht Stunden. Dafür habe ich lange kämpfen müssen. Dabei teile ich mir das gemeinsame Sorgerecht mit der Mutter. Doch mein Besuchsrecht konnte ich häufig nicht in Anspruch nehmen. Meine Ex hat immer öfter angerufen und gesagt, die Kinder seien krank, sie würden in den Urlaub fahren oder sie seien irgendwo eingeladen. Dann durften meine Töchter mich plötzlich nur noch drei Stunden sehen. Immer, wenn sie gerade richtig aufgetaut waren, mussten sie schon wieder heim. Trotzdem hätte ich wohl nicht protestiert, wenn die Situation nicht irgendwann eskaliert wäre. Normalerweise lasse ich alles über mich ergehen, weil ich meine Kinder liebe und es mir mit ihrer Mutter deshalb nicht verscherzen darf. Als sie mir aber ohne Erklärung drei Monate lang die Kleinen vorenthielt, nicht ans Telefon ging, nicht an die Tür, nahm ich mir einen Anwalt, der eine Verlängerung des Besuchsrechts von 10 bis 18 Uhr beim Gericht durchsetzte. Inzwischen klappen die Treffen – meistens jedenfalls.

Noch perfider als die manipulative Aushebelung des Besuchs- oder Umgangsrechtes ist die Manipulation der Kinder selbst:

Manche Mütter sprechen vor ihren Kindern so lange schlecht vom Vater, bis diese ihn nicht mehr besuchen wollen. Was soll ein Vater dagegen tun? Er kann die Kinder ja nicht an den Haaren zu sich schleifen. Der Elternteil, bei dem die Kinder leben, übt auf sie naturgemäß den größten Einfluss aus. Umgekehrt kann aber auch ein Vater auf die Kinder einwirken. Gerade, wenn der Vater finanziell besser gestellt ist und seinen Kindern jeden Wunsch von den Augen abliest, kann er ihnen den Eindruck vermitteln: „Ich bin großzügig und eure Mama gönnt euch gar nichts."

Andreas, 43:

Die erste Zeit nach der Trennung lief mit dem Umgangsrecht alles ganz gut. Irgendwann verlor mein Sohn (6 Jahre) seine frühere Unbefangenheit, wurde zunehmend zurückhaltend und fragte mich eines Tages: „Papa, warum hast du die Mama eigentlich immer geschlagen?" Ich war entsetzt darüber, dass sie unserem Sohn so etwas Ungeheuerliches über mich erzählt hatte.

Ich versuchte, ihm klar zu machen, wie es wirklich war, dass wir uns nicht mehr gut verstanden, viel gestritten und uns deshalb getrennt hatten. Offensichtlich kam mein Sohn mit diesen zwei Versionen nicht zurecht. Er lebte bei seiner Mutter, war demzufolge ihrem Einfluss stärker ausgesetzt und hatte wohl das Gefühl, seiner Mutter gegenüber loyal sein zu müssen. Nun wollte er sich nicht mehr mit mir, einem „Gewalttäter", treffen. Wenn ich ihn telefonisch versuchte zu erreichen, ließ er sich von seiner Mutter verleugnen und von ihr ausrichten, dass er keinen Kontakt mehr zu mir wünsche.

Das Kind gerät so in einen Loyalitätskonflikt und es kommt bei ihm zur Entwicklung des PAS-Syndroms ("Parental Alienation Syndrome" = Elterliches Entfremdungs-Syndrom):[11] Das Kind spaltet seine Eltern in einen geliebten (guten) und einen angeblich gehassten (schlechten, bösen) Elternteil auf.

Da sich Kinder normalerweise mit dem Elternteil identifizieren, bei dem sie leben, und von diesem abhängig sind, übernehmen sie auch dessen Bedürfnisse und Emotionen. Der ehemals geliebte Vater wird plötzlich abgelehnt, weil die Mutter es so will und weil das Kind nicht riskieren kann, den Zorn oder die Enttäuschung der Mutter auf sich zu ziehen. Meist wird dann ohne Überprüfung der Umgang mit dem Vater für diese Probleme verantwortlich gemacht. Die gängige Argumentation ist: „Es muss Ruhe einkehren!" Oder es wird sogar eine Umgangspause verordnet, in der sich die Entfremdung dann fast zwangsläufig vollzieht. Wenn danach Kontaktprobleme zwischen Vater und Kind entstehen, werden diese wiederum dazu benutzt, den Umgang weiterhin zu vereiteln.

Die schärfste Waffe, die speziell Mütter einsetzen, um einen Umgang des Vaters mit seinem Kind zu vereiteln, ist der Vorwurf sexuellen Missbrauchs. Sexueller Missbrauch ist ein schwerwiegendes Delikt und ein absolut unentschuldbares Fehlverhalten. Da werden aus Vätern Täter, aus Ehemännern Missbraucher — häufig ohne jeglichen realen Hintergrund. Männer werden disqualifiziert und des schlimmsten Verbrechens bezichtigt. Kein Vorwurf stigmatisiert einen Menschen mehr, als die Anklage, das eigene Kind sexuell missbraucht zu haben. Keine Anzeige kann das Leben nachhaltiger zerstören, als dieser Verdacht. Missbrauchsvorwürfe stellen umgangsberechtigte Väter für längere Zeit auf Eis.

Mathias, 39:

Meine achtjährige Tochter lebt bei ihrer Mutter. Ich habe das sogenannte „Umgangsrecht", das bisher auch gut funktionierte. Die erste Zeit nach der Scheidung war zunächst alles gut gelaufen. Lea besuchte mich regelmäßig und wir hatten schöne gemeinsame Wochenenden. Doch plötzlich kam ein Anruf meiner Ex, die behauptete, das Kind käme nun nicht mehr, weil es Angst vor mir habe. Ich hätte Lea sexuell missbraucht. Ich habe mir sofort einen Anwalt genommen, der mir aber kaum Hoffnung machte, diesen Vorwurf aus der Welt schaffen zu können. Die Familienrichter glaubten in der Regel den Kindern, überprüften deren Aussagen aber fast nie, um den Kindern die Konfrontation mit dem Erlebten zu ersparen. Das führe dazu, dass es zum Entzug des Besuchs- und Umgangsrechtes kommen könne. Der Vorwurf des sexuellen Missbrauchs sei ein K.O.-Kriterium, gegen das man kaum etwas tun könne.

Der seelische Missbrauch des „bestimmenden Elternteils", der am längeren Hebel sitzt, hat fatale Folgen für das manipulierte Kind. Das Kind wird dazu „abgerichtet", seine Gefühle gegenüber dem abwesenden Elternteil zu verleugnen. Wenn ein Kind seine Bedürfnisse hinsichtlich des abgelehnten Elternteils nicht mehr äußert, bedeutet das nicht, dass es ihn nicht (mehr) lieb hat. Seine Liebe für den Vater oder die Mutter besteht weiter, wird aber verleugnet, um den manipulierenden Elternteil nicht zu verlieren.

Die seelische Gewalt, die man einem solchen Kind antut, besteht darin, ihm die Freiheit zu nehmen, auch den abwesenden Elternteil lieben zu dürfen. Damit wird dem Kind die Grundvoraussetzung für die eigene gesunde Persönlichkeitsentwicklung entzogen. Der Verlust der zweiten Elternbeziehung hat Identitäts-, Selbstwert-, Bindungs- und Beziehungsprobleme zur Folge. Da das Kind die Manipulation nicht erkennt oder durchschaut, hat es leider auch keine Möglichkeiten, sich gegen diese Form seelischer Gewalt zu wehren.

Was können Eltern gegen Umgangsvereitelung tun?
Zunächst sollte immer versucht werden, eine gütliche Regelung herbeizuführen. Erst, wenn das nicht möglich ist, sollte das Jugendamt eingeschaltet werden oder ein Anwalt. Wenn das nichts bringt, sollte das Familiengericht angerufen werden. (s. dazu: „Juristische Anmerkungen zur Umgangsvereitelung" im Anhang)

Mangelnde Aufmerksamkeit und Ausgrenzung

Es ist sicherlich für Jeden einsichtig, dass es einer Kinder-
seele nicht guttun kann, wenn dem Kind Geborgenheit, Zu-
wendung, Liebe und Trost verwehrt werden oder wenn es
gar abgewertet, zurückgewiesen und abgelehnt wird.[12]

Der achtjährige Max hat seinen Klassenkameraden Leo
zu sich nach Hause eingeladen. Sie wollen zusammen
Hausaufgaben machen, anschließend mit der Eisenbahn
spielen. Die Mutter sagt zu Leo, als der in die Wohnung
tritt: „Du bist also der Leo? Ich habe schon viel von dir
gehört. Du sollst ja spitzenmäßig in der Schule sein. Ich
würde mich freuen, wenn Max auch so gut wäre. Leider
ist er meist unkonzentriert. Er kapiert halt alles nicht so
schnell. Außerdem ist er immer so ungeschickt: Heute z.B.
hat er die Schüssel mit den Nudeln runterfallen lassen.
Das war vielleicht ärgerlich! Passiert dir auch so etwas?
Wahrscheinlich nicht! Du kannst auch wunderbar Gitarre
spielen? Tja, Max ist leider, leider total unmusikalisch."

Leo fällt an diesem Tag auf, wie unsicher Max sich doch
benimmt. Er löst zwar seine Hausaufgaben gar nicht ungeschickt – aber diese Ängstlichkeit. Ihm scheint es peinlich
zu sein, was seine Mutter über ihn erzählt. Überhaupt ist in
dieser Familie eine komische Stimmung. Und so ist Leo froh,
als er abends wieder bei seiner Familie ist.
    In manchen Familien herrscht grundsätzlich ein solches
kalte Klima. Dann fehlt den Kindern auf Dauer Zuwen-
dung, Zärtlichkeit und Sicherheit. Oft merken und erkennen die Eltern nicht, was sie damit anrichten. Das Gefühl,

mit Ignoranz behandelt zu werden, ist eine sehr große Qual für Kinder. Es gibt dann weder Schimpfen noch Schreien, kein Loben oder Kritisieren, kein Mitempfinden von Freude oder Leid, kein Zuhören, aufmerksames Beobachten, einfach nichts. Die Eltern, nehmen keinen Anteil an ihren Kindern und deren Seelen verkümmern. Die Erwachsenen sind vollauf mit sich selbst beschäftigt.[13]

Manche Kinder bekommen von ihren Eltern signalisiert, nicht in Ordnung zu sein und deshalb abgelehnt zu werden. Besonders bedrückend ist es für ein Kind, wenn sich diese Form seelischer Gewalt der Eltern offensichtlich nur gegen es selbst, nicht aber auch gegen seine Geschwister richtet. Für diese Ausgrenzung gibt es die unterschiedlichsten Ursachen: nicht erfüllte Erwartungen der Eltern, unerwünschte Erbanlagen oder bloßes Anderssein.

Alina, 37:

Ich hatte eine schwere Stellung in meiner Familie und wurde ausgegrenzt. Anfangs war mir noch nicht einmal klar, warum das so war, und als Kind suchte ich deshalb die Schuld bei mir. Ich winselte regelrecht darum, dazuzugehören und tat alles, um meiner Familie keine Gründe zu liefern, mich nicht zu mögen. Doch genützt hat alles nichts. Irgendwann einmal bekam ich mit, dass meine Mutter ihrer Freundin erzählte, dass ich ein unleidliches Kind wäre, genauso, wie ihre gehasste Schwester. In Selbsthilfeseminaren machte man mir bewusst, dass hier eine „Übertragung" stattgefunden hatte und ich stellvertretend für die schlechte Beziehung meiner

Mutter zu ihrer Schwester herhalten musste, weil ich meine Mutter an sie erinnerte.

Typisch für die Ausgrenzung eines Kindes ist es, dass jede kleine Fehlleistung dramatisiert, positives Verhalten dagegen ignoriert wird. Die Ausgrenzung beginnt im Kindesalter und dauert in manchen Fällen bis zum Tod der Eltern.

Wer von seinen Eltern abgelehnt wird, bekommt das Signal: „Du bist nicht in Ordnung, so wie du bist!" Das hat für die Kinder gravierende Folgen: Es gelingt ihnen nicht, ein gesundes Selbstwertgefühl zu entwickeln. Sie leiden unter ständigen Selbstzweifeln, sie glauben, nicht gut genug zu sein und überlegen ständig, was andere wohl über sie denken mögen.

Viele von ihnen tragen später noch Narben aus dieser Zeit mit sich herum, sie erzählen oft Jahrzehnte später in Seminaren und in therapeutischen Sitzungen, welche Erniedrigungen sie in ihrer Kindheit erfahren mussten, wie verzweifelt sie waren und wie bedrückend sie es empfanden, niemandem davon erzählen zu dürfen, um nicht als „Nestbeschmutzer" zu gelten.

Was kann ein Kind, das von seiner Familie ausgegrenzt wird, gegen die Ausgrenzung tun?
Zunächst kommt es darauf an, wie alt das Kind ist. Bis zur Pubertät ist ein Kind von seiner Familie in jeder Hinsicht, d. h. finanziell und emotional abhängig. Ihm bleibt kaum etwas anderes übrig, als die Ausgrenzung und Ungleichbehandlung zu ertragen. Das Verhängnisvolle dieser destruktiven Beziehung zeigt sich hier in der subjektiven Unmöglichkeit, sich aus ihr zu befreien. So bleibt dem Kind nur,

sich in sein Schneckenhaus zurückziehen oder sich in seiner Not bei den Eltern anzubiedern, um dazu zu gehören.

Ab der Pubertät allerdings ist es Kindern schon möglich, darüber nachzudenken, welche Möglichkeit es geben könnte, der Ausgrenzung zu entrinnen. So können Jugendliche eine Beratung beim Jugendamt (Abteilung „Jugend- und Familienhilfe") in Anspruch nehmen und darum bitten, für sie eine geeignete Pflegefamilie oder eine betreute Wohngruppe zu finden.

Katrin, 16:

Ich bin das Mittlere von drei Kindern und werde immer für alles, was passiert, verantwortlich gemacht und angemeckert. Ich weiß schon gar nicht mehr, was richtig oder falsch ist. Ich werde von meinen Eltern ungerecht behandelt und ausgegrenzt. Das hat mich schon viel Traurigkeit und viele Tränen gekostet und mich psychisch total fertig gemacht. Ich habe immer alles getan, was meine Eltern wollten, doch immer wieder fanden sie Gründe, mich schlecht zu behandeln. Jahrelang habe ich darunter gelitten, nicht dazuzugehören, und mir dann überlegt, dass es das Beste wäre, mich von meiner Familie zu trennen. Einige Male bin ich auch schon von zu Hause abgehauen, aber ich wusste nicht, wohin ich gehen sollte, und kam deshalb immer wieder zurück. Durch Foren im Internet bin ich darauf gestoßen, dass es für Kinder, die zu Hause große Schwierigkeiten haben und es dort nicht mehr aushalten können, eine Beratungsstelle beim Jugendamt gibt. Ich bin hingegangen und habe darum gebeten, für mich eine betreute Wohngruppe zu finden.

Wer es allerdings wagt, einen solchen Weg einzuschlagen, liefert der Familie neue Rechtfertigungsgründe für die Ausgrenzung. Ein neuer Spießrutenlauf beginnt. Erst, wenn Kinder erwachsen und wirtschaftlich unabhängig von ihrer Ursprungsfamilie geworden sind, besteht für sie die Chance, sich ohne Hilfe zu entscheiden und sich aus der destruktiven Beziehung zu befreien.

„Durch unsere Entscheidungen definieren wir uns selbst. Allein durch sie können wir unseren Worten und Träumen Leben und Bedeutung verleihen. Allein durch sie können wir aus dem, was wir sind, das machen, was wir sein wollen."[14]

Eine mögliche Entscheidung wäre, sich zumindest für eine gewisse Zeit von den Eltern zu trennen. Dadurch wird Selbstschutz praktiziert und sich von den Eltern abgegrenzt. Opfer und Täter tauschen ihre Rollen.

Es darf hier natürlich nicht außer Acht gelassen werden, dass Kinder sich auch mal schlecht behandelt fühlen können, wenn Eltern ihnen etwas untersagen. Hier muss schon differenziert werden. Gerade der Umgang mit pubertierenden Kindern kann für die Eltern schwierig werden.

Seelische Gewalt von Kindern gegenüber ihren Eltern

Die Ausgrenzung der Eltern durch das Kind

Einer Ausgrenzung der Eltern durch das Kind muss aber nicht die Ausgrenzung des Kindes vorausgegangen sein.

Viele Kinder entziehen sich ihren Eltern irgendwann durch Kontaktabbruch, um sich aus dem durch die Eltern erzeugten Druck zu befreien. Eine solche Trennung kann heilsam sein, um dem eigenen Bedürfnis nach Distanz und der Ausformung der eigenen Persönlichkeit Raum zu geben. Es gehört zu der Tragik menschlicher Beziehungen, dass die Eltern diesen Schritt ihres Kindes in aller Regel nicht verstehen. Aus ihrer Sicht gibt es für einen Kontaktabbruch keinen erkennbaren Grund.

Andreas hat es seiner Mutter in einem Abschiedsbrief mitgeteilt: Er will sie nicht mehr sehen und nicht mehr sprechen. Seine Mutter fühlt sich wie ausradiert und weiß nicht, warum ihr Sohn auf Abstand geht und ihr eine Kontaktsperre erteilt, die inzwischen 8 Jahre besteht, ohne eine Aussprache und ohne äußerlich erkennbaren Grund. Als sich ihr Sohn dazu entschloss, seine Verbindung zur Familie zu kappen, war er 28 Jahre alt, also schon längst erwachsen. Er lebte ein paar Jahre im Ausland, sie haben immer wieder miteinander gesprochen, sich ab und zu gesehen, alles schien in Ordnung. Doch dann der Bruch. Briefe und Pakete kamen ungeöffnet zurück. Jede Kontaktaufnahme erwies sich als zwecklos. Für die Mutter war das seelische Folter, der sie ohnmächtig ausgeliefert war. Als ihr klar wurde, dass sie ihren Sohn verloren hatte, dachte sie Tag und Nacht darüber nach, wie sie das alles wieder rückgängig machen könnte. Ihren Alltag erledigte sie mechanisch, das ging die ersten Monate gut. Doch in ihrem Beruf als Bankberaterin wurde der Stress immer unerträglicher, weil sie seit Monaten nachts nicht mehr schlafen konnte. Der

Arzt verschrieb ihr Schlaftabletten, damit sie nachts zur Ruhe kam. Morgens nahm sie dann Tabletten, um den Tag zu überstehen. Immerzu war sie in Gedanken nur bei ihrem Sohn. Sie wurde häufig krank, bekam einen Gehörsturz. Der Druck wurde so groß, dass sie nach drei Jahren ihren Arbeitsplatz bei der Bank aufgeben musste.

Was bewegt Kinder, sich von ihren Eltern – und wenn auch nur vorübergehend – zu trennen? Nicht immer ist das ein Akt der Bestrafung, sondern auch für Kinder eine schwere Entscheidung, wie das nachfolgende Beispiel zeigt:

Claudia, 35:

Mit 27 bekam ich von einem Tag auf den anderen Panikattacken und Depressionen. Ich bemerkte, wie sehr ich unter den familiären Zerwürfnissen litt. Während einer Therapie lernte ich langsam, Dinge, die mir nicht guttun, von mir fernzuhalten. Die Trennung von meiner Familie empfinde ich als eine Pause von der emotionalen Achterbahnfahrt. Meine Therapeutin machte mir klar, dass die Therapie mir dabei helfe, die familiären Missverhältnisse aufzuarbeiten. Der Schritt danach sei aber wichtig, denn nur durch einen Kontaktabbruch könne man keine Ruhe finden. Es entspreche unserem inneren Wunsch, sich mit den Eltern zu versöhnen und sie zu lieben. Mit Wut und Hass, den wir ansonsten weiter hegen, schade sich jeder Mensch nur selbst. Häufig hätten Betroffene dann selbst Probleme, tiefere Beziehungen zu anderen Menschen einzugehen. Doch gerade für diesen verantwortungsvollen Schritt könne eine Auszeit nötig sein. Wie lange sie dauere – Tage, Wochen, Monate – sei von Fall zu Fall unterschiedlich. Oft bräuchten Betroffene Zeit, bis der nächste Schritt gegangen werden könne, auf die Eltern und damit auch noch ein Stück auf das eigene Leben zu.

In Claudias Fall ist eine Auszeit notwendig, um aus der Beziehungsdynamik „auszusteigen" und Probleme aufzuarbeiten. Claudia, die sich nicht gut abgrenzen kann, braucht – zumindest auf unbestimmte Zeit – Abstand von ihrer Familie, um zu sich selbst zu finden und sich hinsichtlich ihrer Familie neu positionieren zu können. Insofern ist ihr Kontaktabbruch im Sinne von Selbstfindung und Heilung gerechtfertigt. Sie braucht Abstand, um nachher ihrer Familie auf neuer Basis und auf Augenhöhe begegnen zu können. Ihr Motiv für diesen Schritt ist Selbstschutz und nicht Vergeltung.

„Verlassene Eltern", die plötzlich und unerwartet die Verbindung zu ihrem erwachsenen Kind verlieren, ohne den Grund für dessen Rückzug zu kennen, empfinden diese Kontaktsperre als seelische Grausamkeit. Sie sind ratlos und driften in die Isolation ab, weil sie sich schämen, von ihren erwachsenen Kindern verstoßen worden zu sein. Aus Scham und Angst vor Schuldzuweisungen von Nachbarn und Bekannten scheuen sie sich, mit anderen über ihr Schicksal zu sprechen. Die Frage nach dem „Warum" stellen sich die Eltern noch nach Jahren, weil sie alleine darauf selten eine Antwort finden. Viele lassen sich in dieser schweren Zeit von Psychologen begleiten. Ein häufig zu hörender Rat: „Ihr müsst loslassen!" ist für die wenigsten Eltern hilfreich.

Ein Kontaktabbruch[15] ist ein drastisches Mittel, das für die Kinder oft ein Befreiungsschlag, für die Eltern, über die er verhängt wird, eine Art seelischer Folter ist. Die Eltern sind verletzt und traurig, die Kinder, die nur diesen Ausweg sahen, aber auch. Um sich irgendwann wieder anzunähern, ist vor allem Geduld und Liebe gefordert, denn wenn Kinder sich plötzlich abwenden, wollen sie in der Regel keine ewige Trennung. Dennoch kann die „Auszeit" länger dauern, bis die Kinder sich seelisch erholt haben, sich selbstbewusst genug fühlen, um ihren Eltern neu zu begegnen.

Obwohl auch Söhne sich völlig zurückziehen und den Kontakt zu ihren Eltern abbrechen, sind es häufiger die Töchter, die auf diese Weise vor den Mutter-Tochter-Konflikten zu flüchten versuchen.

Im folgenden Beispiel schildert eine Mutter ihren vergeblichen Kampf gegen die Ausgrenzung durch ihre Tochter. Dieser Fall zeigt deutlich die krankmachende Wirkung einer destruktiven Beziehung, aus der sich die Mutter nicht befreien kann.

Karin, 61:

Seit Jahren werde ich aus der Familie meiner Tochter ausgegrenzt. Ich kenne meine zwei Enkel nicht und die kennen mich, ihre Oma, nicht. Jahrelang habe ich mich zerfleischt, um herauszufinden, warum meine Tochter eine Kontaktsperre braucht und mich aus ihrem Leben ausgrenzt. Wenn ich es mir recht überlege, begann alles als schleichender Prozess. Am Anfang habe ich es kaum gemerkt oder nicht wahrhaben wollen, weil ich keine klammernde Mutter sein wollte. Die Abwendung meiner Tochter von mir wurde aber immer stärker, meine Ausgrenzung immer eindeutiger. Trotzdem dauerte es furchtbar lange, bis ich die Endgültigkeit zur Kenntnis nehmen konnte. Eigentlich begann alles vor ca. 20 Jahren, als meine älteste Tochter die Familie ihres späteren Mannes kennenlernte. Seitdem war unsere Familie abgeschrieben.

Im Laufe der Jahre kamen zwei Enkel zur Welt, wobei ich nur den Ältesten einmal kurz nach der Geburt sehen durfte. Über Jahre habe ich immer wieder auf alle erdenkliche Weise vergeblich versucht, den Kontakt langsam wiederherzustellen. Eine Episode verdeutlichte mir irgendwann, wie aussichtslos mein Bemühen war. Zufällig habe ich vor Jahren meine Tochter auf der Straße getroffen. Auf die Frage der Kinder: „Mama, wer ist das?" antwortete meine Tochter spontan: „Das ist die Tochter von Oma Isolde". Ich wurde behandelt wie eine fremde Person, die keine Rolle spielt. Nicht nur mir, sondern auch ihren Kindern hat meine Tochter es mit dieser Einstellung unmöglich gemacht, echte Gefühlsbeziehungen wachsen zu lassen. Die Jahre des Kontaktabbruchs mit den ungeheueren seelischen Schmerzen brachten für mich eine Aneinanderreihung von Krankheiten, Unfällen und darauf folgende Therapien. Tiefste Gefühle überschwemmten mich geradezu. Chronische Krankheiten zeigten körperlich meinen tiefen Schmerz und die depressive Stimmung. In all den Jahren nahm meine Tochter mit ihrer Familie wie ein Schatten viel mehr Raum im Reden, Denken und Fühlen ein als die Menschen, mit denen ich täglich zusammenlebte. Doch das Leben zerrinnt unter dem Schmerz, es rinnt durch die Finger, und wir können nichts erzwingen. Nach Jahren erkennen zu müssen, dass ich mich von der eigenen Tochter und den Enkeln gewissermaßen verabschieden muss, war und ist immer noch sehr schwierig. Meine Tochter hatte sich zu einem Menschen mit einer völlig anderen Wahrnehmung verändert, und ich musste und muss das akzeptieren. Ich erkannte, dass ich keinerlei Chancen hatte und haben werde. Meine Sehnsucht, mein Schreiben und Schicken an die Enkel haben den Schmerz bei mir zum Dauerbrenner gemacht. Doch wie schafft man es, mit dem Herzen loszulassen? Das weiß ich immer noch nicht. Wie gehe ich heute damit um? Seit einigen Jahren schreibe ich ein Tagebuch. Darüber hinaus habe ich eine Selbsthilfegruppe gegründet und dadurch die Solidarität anderer betroffener „verlassener Eltern" kennengelernt. Das hat mir sehr geholfen. Alle Reaktionen und Gefühlsebenen der anderen Großeltern waren mir sehr bekannt, ich hatte sie auch durchlebt. Eine große Wunde wird es immer bleiben, die vielleicht ein bisschen vernarbt. Aber ich habe inzwischen gelernt, damit zu leben wie mit einer körperlichen und seelischen Behinderung oder wie mit einem Phantomschmerz. Ich will keine Erwartungen mehr haben, aber auch nicht in Resignation und Hoffnungslosigkeit versinken. Ein Spruch von Vaclav Havel hängt an meiner Pinnwand: „Hoffnung ist nicht Optimismus, nicht die Überzeugung, dass etwas gut ausgeht, sondern die Gewissheit, dass etwas einen Sinn hat, ohne Rücksicht darauf, wie es ausgeht." Jeder muss seinen Weg gehen, alles versuchen, was möglich ist, dann aber auch das tun, was nötig ist, um sich zu schützen.

In dem vorausgegangenen Beispiel erfahren wir leider nicht die Gründe für das Verhalten der Tochter. Aber — ein Abbruch der Beziehung zur eigenen Mutter fällt sicherlich keiner Tochter leicht. In der Regel dürfte es das letzte Mittel sein, um sich aus einer Beziehung zu befreien, die als destruktiv empfunden wird. Allerdings besteht ein Dilemma: Man kann sich zwar von den Eltern distanzieren, den Kontakt zu ihnen abbrechen und versuchen, sie zu vergessen. Da Eltern aber immer Eltern bleiben werden und Kinder durch ein unsichtbares Band mit ihren Eltern verbunden sind, entstehen durch den Abbruch der Beziehung oft neue Schuldgefühle des Kindes. Deshalb ist es ratsam, mit Hilfe eines Experten zu versuchen, die Ursache des Problems zu ergründen statt den Kontakt ganz abzubrechen. Leider wird häufig der Kontakt abgebrochen, was auch eine Form seelischer Gewalt ist.

Es stellt sich nun die Frage, was man ausgegrenzten Eltern raten kann. Eine Versöhnung über Gespräche ist sehr unwahrscheinlich, denn es ist ja gerade das Kennzeichen einer Ausgrenzung, dass sämtliche Kontakte von den Kindern abgebrochen werden. Es bleibt damit für die ausgegrenzten Eltern die traurige Tatsache, dass sie ihr Leid ertragen müssen. Unterstützung könnten sie in einer Selbsthilfegruppe für verlassene Eltern finden (s. www.verlassene-eltern.de).

Schließlich bleibt, insbesondere, wenn sich Krankheitssymptome einstellen, der Weg zu einem Therapeuten.

Seelische Gewalt in der häuslichen Pflege

Wer seine Eltern im Alter zu Hause pflegt, kennt die psychische, körperliche und zeitliche Belastung, die damit verbunden ist. Zuerst geht es nur um Putzen, Einkaufen, Abrechnungen oder Behördengänge. Irgendwann sind die Eltern auch auf Hilfe bei der Körperpflege und der Nahrungsaufnahme angewiesen und schließlich müssen sie ständig umsorgt werden. Dann ist täglich pausenloser Einsatz gefordert – nicht selten nach schlaflosen Nächten. Dann leisten pflegende Angehörige körperliche und seelische Schwerstarbeit, müssen mit großer Intimität und ungewohnter Nähe zurechtkommen, müssen oft Scham und Ekel überwinden, wenn etwa der ihnen anvertraute Mensch einnässt und einkotet. Sie haben kaum noch Zeit für sich, kaum noch Kontakt zu Freunden und bekommen wenig Anerkennung.

Pflegende Angehörige erledigen einen körperlichen und seelischen Knochenjob ohne pflegerische Ausbildung oder ausreichende Kenntnis über Krankheitsbilder und den richtigen Umgang mit alters- oder krankheitsbedingten Persönlichkeitsveränderungen. Von permanenter Überforderung ganz besonders betroffen ist die „Sandwichgeneration", die noch berufstätig ist, eigene Kinder zu versorgen hat, gleichzeitig aber auch für hilfe- und pflegebedürftige Eltern da sein muss.

Jahrelange häusliche Pflege ist eine so große Belastung, dass dadurch auch Aggressionen entstehen können, die sich in körperlicher und seelischer Gewalt ein Ventil suchen. Beispiele hierfür sind: Demütigungen, Herabsetzungen, Beschimpfungen, Kontrollverhalten, Respektlosigkeit, Erpressung, Drohung, Verachtung, Missachtung des Willens, Freiheitseinschränkung durch Fixierung, Ruhigstellen mit Hilfe von Medikamenten, soziale Isolierung oder Vernachlässigung und Missachtung der Menschenwürde.

Helga, 64:

Ich habe meine pflegebedürftige Mutter, die immer eine böse Frau war, unter der ich als Kind gelitten habe, seit fünf Jahren zu Hause in Pflege. Dabei bin ich ständig im Konflikt zwischen Verantwortung und Pflichtgefühl. Oft ertappe ich mich dabei, dass ich meiner Mutter auf gleiche Weise drohe und sie unter Druck setze, wie sie das früher bei mir getan hat: „Wenn du nicht gehorchst, dann musst du ins Heim." Manchmal halte ich es nicht mehr aus mit den Boshaftigkeiten meiner Mutter und oft genug habe ich auch schon gedacht, warum habe ich nicht endlich Ruhe vor ihr.

Auf den ersten Blick wird erkennbar, dass Helga das von ihrer Mutter vorgelebte Verhaltensmuster der Drohung anwendet und reflexartig ebenso reagiert („wie du mir, so ich dir"). Die Beziehungsdynamik läuft automatisch und unreflektiert ab. Besonders schwierig wird eine Pflegesituation, die ohnehin schon belastend für beide Seiten ist, wenn sie von unverarbeiteten Konflikten der Vergangenheit überschattet wird und die zementierte Beziehungsdynamik nicht zu stoppen ist. Helga hat sich als Kind als Opfer gefühlt, das ihrer Mutter, die damals die Stärkere war, ausgeliefert war. Nun, in der Situation des „Rollentausches", verkehren sich Rollen und Machtverhältnisse. Helga ist nun die Stärkere und zahlt ihrer Mutter mit gleicher Münze heim. Damit wird sie zum Täter.

Aber nicht alles, was auf den ersten Blick so aussieht, ist seelische Gewalt. Was Helga als Boshaftigkeit bei ihrer Mutter wahrnimmt, kann auch andere Ursachen haben. Oft sind die Schwierigkeiten miteinander gerade in der Pflegesituation dadurch bedingt, dass beide Seiten sich in der Rolle, in die sie unvorbereitet geraten sind, hilflos und überfordert fühlen. Beides kann in seelischer Gewalt münden. Helgas

Beispiel zeigt darüber hinaus, wie schwierig es oft in Familien insbesondere in Extremsituationen wie in der Pflege ist. Dennoch fühlen sich Familienangehörige einander zugehörig und verantwortlich, deshalb werden sie oft von schlechtem Gewissen geplagt, wenn sie Aggressionen gegeneinander austragen. Helga hilft vielleicht eine Reflexion der gesamten Situation einschließlich der Familiendynamik. Hier gibt es noch viele unausgesprochene Frustrationen. Wenn Helga diese los wird, kann sie vielleicht anders mit der Situation umgehen.

Ein Perspektivenwechsel kann in Pflegefällen beiden Parteien helfen, die Situation anders wahrzunehmen. Wenn die pflegende Person sich in die Rolle der Mutter oder des Vaters versetzt, erkennt sie, dass das Alter und der damit einhergehende Abbau und Autonomieverlust Menschen verändern und mürrisch, unzufrieden und aggressiv machen können. Niemand hat Erfahrung damit, alt und hilfebedürftig zu werden. Helga z. B. weiß nicht, wie sich das anfühlt und ihre Mutter weiß nicht, wie sie mit ihrer fortschreitenden Hilfebedürftigkeit und Abhängigkeit umgehen soll. Die aufgestaute Wut über ihre Situation, die sie weder beeinflussen noch verbessern kann, reagiert sie deshalb an ihrer Tochter ab, weil sonst niemand zur Verfügung steht. Mit dem Erkennen der Hintergründe der Situation und mit Empathie für den Schwächeren ist oft mehr Verständnis und Großzügigkeit möglich. Zuspruch, Trost, Hilfe und Verständnis können sich Menschen wie Helga bei anderen pflegenden Angehörigen holen. In fast allen Städten gibt es Selbsthilfegruppen pflegender Angehöriger.

Andererseits gibt es auch pflegebedürftige Menschen, die seelische Gewalt gegenüber dem Pflegenden ausüben, z.B.

durch Beschimpfen, Beleidigen, Drangsalieren und Erniedrigen. Es gibt auch jene alten Menschen, die es schaffen, aus dem Bett heraus ihre pflegenden Töchter und oft die ganze Familie zu terrorisieren und zu schikanieren. Wechselseitig werden das Opfer zum Täter und der Täter zum Opfer. So schaukeln sich die Konflikte aufgrund alter und neuer Verletzungen, Kränkungen und Missverständnisse immer höher.

Monika, 46:

> Wenn ich mich mal verspäte, kotet meine bettlägerige Mutter sich ein, um mich zu bestrafen.

Irmhild, 49:

> Seit fünf Jahren waren wir, mein Mann und ich, keinen einzigen Tag weg. Dann wollten wir endlich mal verreisen, die Unterbringung meiner Eltern in einer Einrichtung der Kurzzeitpflege war bestens geregelt. Dennoch mussten wir schließlich nach zwei Tagen wieder von Griechenland zurückfliegen, weil die Meldung kam, Mutter sei erkrankt. Zu Hause angekommen, war sie wieder fit und gut drauf.

Christa, 60:

> Meine pflegebedürftige Mutter wohnt seit meiner Frühpensionierung bei mir und wird von mir versorgt. Irgendwie ist sie unersättlich, was immer ich mache, es ist nie genug. Sie schafft es immer, mir ein schlechtes

Gewissen zu machen, wenn ich mal eine Stunde für mich haben möchte. Ich kann ihr Gejammer, wie schrecklich es ist, alt und einsam zu sein, nicht mehr hören. Meine Mutter fixiert sich so extrem auf mich, dass ich immerzu präsent sein muss und damit fühle ich mich in meiner Lebensführung sehr eingeschränkt. Wenn ich mal nicht sofort komme, wenn sie ruft, macht sie mir sofort Vorwürfe. Meine Mutter manipuliert mich und hat mich mit dem schlechten Gewissen, das sie mir macht, fest im Griff. Das macht mich aggressiv, weil ich durch sie daran gehindert werde, mein Leben zu leben.

Seelische Gewalt – gleichgültig, von welcher Seite sie ausgeübt wird – hat verschiedene Ursachen. Bei älteren Menschen treten oft auch Persönlichkeitsveränderungen auf, mit denen ihre Kinder nur schwer fertig werden können. Auch permanente Überforderung der Pflegenden kann zu Aggressionen und nicht selten zum Burnout-Syndrom führen. Ein weiteres Motiv für seelische Gewalt durch pflegende Kinder besteht neben der chronischen Überforderung in der tiefen Hoffnungslosigkeit und Enttäuschung über die Einengung ihres Lebens. Das ganze Leben lang hatten sie geplant, später, wenn ihre Kinder aus dem Haus wären und sie nicht mehr berufstätig sein müssten, sich Zeit zu nehmen für Reisen, Hobbys und Kontakte. Und plötzlich wird ein Elternteil mit 75 oder 80 beispielsweise durch einen Schlaganfall zum Pflegefall und wieder muss man sich der Verantwortung stellen.

Für Außenstehende ist es kaum vorstellbar, dass aus Liebe Ungeduld, Aggression, manchmal sogar Hass werden kann.

Ein weiterer Grund für seelische Gewalt in der häuslichen Pflege liegt darin, dass oft gerade in Überlastungssituationen alte, nicht verarbeitete Konflikte zwischen Eltern und Kindern aufbrechen. Die ungeliebte Tochter soll plötzlich nur noch geben. Von dem Kind erwarten die Eltern Aufmerksamkeit, Liebe und Fürsorge, obwohl sie selbst ihm gegenüber wenig wertschätzend oder liebevoll gewesen waren. Aber von Anerkennung und Dankbarkeit ist nichts zu spüren. Im Gegenteil: Sie haben vielleicht einen Elternteil zu sich in die Wohnung genommen, kümmern sich um ihn, aber abends, wenn Sie von der Arbeit kommen, hören Sie nur: „Na, kommst du auch mal vorbei!" Das ist undankbar und ungerecht und häufig führt das zu Frustration und Wut.

Wie kann man seelischer Gewalt in der Pflege vorbeugen?
Pflegende Kinder müssen die Grenzen ihrer Belastbarkeit erkennen, denn Überforderungen sind die häufigste Ursache für seelische Gewalt gegen den Pflegebedürftigen.

Um sich vor Überforderung zu schützen ist es sinnvoll, sich von kompetenten Personen Rat zu holen. Ansprechpartner sind: der Hausarzt, Pflegekräfte der ambulanten Dienste der Wohlfahrtsverbände, die Familienberatung des Sozialamtes.

Ziel ist es, die häusliche Pflege fachmännisch zu organisieren und soweit wie möglich zu delegieren. So kann der ambulanten Pflegedienst mit der körperlichen und medizinischen Pflege beauftragt werden. Abhängig von den finanziellen Möglichkeiten ist auch an den stundenweisen Einsatz einer Pflegerin zu denken. Darüber hinaus gibt es Agenturen, die „Haushaltshilfen" vermitteln, wodurch eine Rundum-Betreuung möglich wird.

Wer seine Eltern pflegt, muss sich bewusst machen, dass die häusliche Pflege mehr verlangt als gezielte Handgriffe,

Betreuung und Organisation. Vor allem stellt sich die Frage des Umgangs miteinander. Der Pflegende muss erkennen, ob er von dem Elternteil manipuliert wird. Dagegen muss er sich konsequent wehren, indem er – ähnlich wie bei der Kindererziehung – Grenzen setzt. Gleichzeitig ist es wichtig, das eigene Verhalten zu reflektieren und seine Grenzen zu erkennen, bevor man selbst aus der Überforderung heraus seelische Gewalt gegenüber den Eltern ausübt.

Für pflegende Kinder von Demenzerkrankten gibt es besondere Selbsthilfegruppen, die von unterschiedlichen Organisationen und Vereinen bundesweit angeboten werden. Man trifft sich in regelmäßigen Abständen und tauscht sich über die Erfahrungen mit der Krankheit aus. Auf die meisten Menschen, die verwirrte Angehörige pflegen, wirkt es befreiend, mit Menschen in der gleichen Situation über die Gefühle zu sprechen, die die Krankheit auslöst. Die tägliche Pflege von Demenzkranken führt oft zu Wut, Unverständnis, Missverständnissen und Ärger. In Gruppen können Angehörige aber auch über ihre Überforderung und ihre Ängste sprechen, sich gegenseitig bestärken und neuen Mut fassen.

Gesprächskreise für pflegende Angehörige können eine große Hilfe sein. Sie werden von den meisten großen Pflege-Institutionen und -Verbänden und von vielen ambulanten Pflegediensten angeboten oder vermittelt. Im Gegensatz zu den Selbsthilfegruppen gibt es bei den Gesprächskreisen immer einen (ausgebildeten) Gesprächsleiter. Ein wichtiges Thema der Gesprächskreise für pflegende Angehörige sind die seelischen Probleme, die die Pflege mit sich bringt, Konflikte in der Beziehung zum Pflegebedürftigen oder innerhalb der Familie. Die Teilnahme an einem Gesprächskreis bedeutet für viele Pflegende eine große Hilfe: Sie entdecken, dass sie mit ihren Belastungen nicht allein sind. Das Beispiel und die Unterstützung durch andere Betroffene helfen, Lösungsmöglichkeiten für Probleme zu finden.

Sie können sich auch Unterstützung bei einer Psychosozialen Beratung holen: Einzelberatung und Gesprächskreise für Pflegende, Vermittlung von Selbsthilfegruppen. Adressen sind beim städtischen Gesundheitsamt zu erfragen.

Psychologische Beratung: Psychologische Beratungsstellen helfen in verschiedensten Konflikt- und Krisensituationen, bei existenziellen Entscheidungen, bei Problemen in Ehe und Familie. Solche Beratungsstellen, oft „Ehe- und Familienberatungsstellen" genannt, werden von den Gemeinden, Wohlfahrtsorganisationen oder Kirchen angeboten. Dort arbeitet ein Team aus Psychotherapeuten, Psychologen, Sozialpädagogen, manchmal auch Ärzten, Juristen oder Theologen. Die Beratung ist anonym und meist kostenlos, für die Mitarbeiter besteht Schweigepflicht.

Pflegende Angehörige gehen oft an die Grenzen ihrer Belastbarkeit, das bedeutet Arbeit und Präsenz rund um die Uhr. Um das über Jahre leisten zu können, steht pflegenden Angehörigen einmal jährlich eine Auszeit von drei bis vier Wochen „Urlaub von der Pflege" zu. Anträge sind bei der Pflegeversicherung des Pflegebedürftigen zu stellen. Dieser wird in Kurzzeitpflegeeinrichtungen untergebracht. (s. Weiterführende Literatur (3) im Anhang)

Irritierend komplex –
Seelische Gewalt unter Geschwistern

Geschwisterbeziehungen sind reich an Konflikten, die seelische Gewalt beinhalten. Gewalt unter Geschwistern hat eine Funktion innerhalb der Sozialisation von Kindern in der Familie. Die entsprechenden Vorkommnisse werden ein Leben lang nicht vergessen, manchmal erst im Erwachsenenalter geklärt, manchmal nie.

Kinder können grausam sein, vor allem zueinander. Und je näher sie sich stehen, desto grausamer sind sie. Deshalb prägen uns die Auseinandersetzungen z. B. mit dem aggressiven kleinen Bruder oder der intriganten großen Schwester lebenslang. Keine andere Beziehung unseres Lebens ist so irritierend komplex, konfliktbeladen und trotzdem dauerhaft wie diejenige zu unseren Geschwistern. Geschwister sind der Maßstab für die Welt, in die Kinder hineinwachsen. Sie sind Konkurrenten und Schicksalsgefährten und ihre „Hackordnung" hat wahrscheinlich mehr Einfluss auf die Entwicklung des Kindes als die Beziehung zu den Eltern.

Kinder wollen nicht nur geliebt, sondern vor allem auch in ihrer Persönlichkeit anerkannt werden. Diese entwickelt sie aber weitgehend in Abgrenzung gegeneinander. Im Familienverbund hat jeder seine klar definierte Rolle: Der eine ist der Gescheite, der andere ist das Sorgenkind und macht immer Ärger, die dritte ist die Hübsche. Das bedeutet aber auch, dass Geschwister sich gegenseitig durch einen „Mangel" definieren: Ist meine Schwester die Hübsche, kann ich es nicht auch noch sein, weil die Rolle schon besetzt ist. Weil Kinder um die Anerkennung der Eltern konkurrieren, sucht sich jeder seine Nische, in der er sich entfalten kann.

Unter Geschwistern sind Streitereien üblich. Werden sie konstruktiv und fair ausgetragen, sind sie nützlich, denn so lehren Geschwister einander, Konflikte auszutragen. Aber Geschwister kennen auch ihre gegenseitigen „wunden Punkte", weshalb es oft ziemlich gemein und niederträchtig zur Sache geht. So lernt man durch Geschwister auch etwas über sich selbst – und oft sind das Dinge, die man gar nicht so genau wissen wollte.

Irene, 48:

Je älter ich werde, desto mehr klärt sich die Beziehung zu meinen beiden Schwestern. Wir haben uns nie etwas geschenkt und waren – im Nachhinein betrachtet – doch oft regelrecht gemein im Umgang miteinander. Dabei haben wir die Methoden der Revanche angewandt, die wir von unserer Mutter gelernt hatten, bloßzustellen und lächerlich zu machen. Ich kann mich noch gut daran erinnern, dass ich, um mich an den Gemeinheiten meiner ältesten Schwester zu rächen, überall erzählt habe, dass sie sitzen geblieben ist, weil sie mich immer mit „fette Sau" beschimpfte und mich mit meinem Übergewicht fertig machen wollte. Im Teenageralter stellte sie mich bei einer Feier vor versammelter Mannschaft bloß, indem sie bei der Verteilung der Bowle sagte: „Gebt der nicht so viel, die fällt so schnell aus der Rolle." Ich werde nie die brennende Scham und Hilflosigkeit vergessen, die ich in dieser wehrlosen Situation empfand, denn ich hatte keine Chance, den unwahren, ehrabschneidende Kommentar zu parieren.

Daniela, 37:

Ich habe zwei Schwestern, die Zwillinge sind. Sie haben mir damals in der Kindheit/Jugend wirklich das Leben sehr schwer gemacht. Es war teilweise die Hölle auf Erden mit ihnen. Ich bin die Älteste und meine zwei Schwestern sind ein Jahr jünger als ich. Sie haben mich ignoriert, ich war immer die Außenseiterin und bin immer für alles verantwortlich gemacht worden. Es gab sehr oft Streit, bei dem ich immer den Kürzeren zog, weil meine Schwestern immer zu zweit gegen mich waren. Ich hatte keine Chance, gegen die beiden anzukommen, zumindest war ich ihren Strategien, mich seelisch fertig zu machen, unterlegen. Obwohl wir inzwischen alle erwachsen sind, hat sich daran nichts geändert. Die Verhaltensmuster der Kindheit wirken weiter und auch heute noch fühle ich mich ihnen ausgeliefert. Immer wenn es Familientreffen gibt, fühle ich mich schon vorher tagelang schlecht mit Magenschmerzen, weil ich weiß, dass ich mit Sicherheit wieder eine subtile Unverschämtheit verpasst bekomme, die mich herunter macht und in Frage stellt. Und wenn ich den Versuch mache, mich zu wehren, kommt garantiert die Antwort: „Sei nicht immer so empfindlich, ich meinte ja nur ..." Meine Schwestern haben es perfekt drauf, mich und meine Wahrnehmung zu verunsichern und sich stets zu rechtfertigen, statt sich zu entschuldigen. Immer signalisieren sie mir, dass ich humorlos und selbst schuld sei, wenn ich ihre Späße missverstehe.

Das letzte Beispiel macht deutlich, dass seelische Gewalt häufig gut verkleidet bzw. getarnt hinter Worten versteckt wird mit dem Ziel, den anderen mundtot zu machen, ihn an seiner Wahrnehmung zweifeln zu lassen und ihn dadurch wehrlos zu machen. Seelische Gewalt kann subtil, in raffinierter Form auftreten, z.B. können beschämende Anspielungen – als vermeintlicher Scherz abgetan – das Blut in den Adern gefrieren lassen, denn dahinter verbirgt sich eine ernst zu nehmende Abwertung.

Die Erfahrung zeigt, dass es auch dort, wo jeder sich wohl und geborgen fühlen möchte, seelische Grausamkeiten gibt und unterdrückt, manipuliert und erpresst wird. Geschwisterbeziehungen sind ambivalent, sie dienen einerseits der Sozialisation und der Förderung der sozialen Kompetenz der Konfliktfähigkeit, sie können andererseits aber auch destruktiven Charakter annehmen, also zerstörerisch wirken. Es ist für diejenigen, die durch ihre Geschwister seelisch verletzt werden, extrem schmerzhaft, abgelehnt zu werden und es gibt – zumindest in jungen Jahren – leider kein Entkommen, denn emotionaler Missbrauch funktioniert gerade dort besonders gut, wo man sich besonders nah und vertraut ist.

Angela, 41:

Ich wurde von meinen Geschwistern immer als „hässliches Entchen" gehänselt. Besonders meine älteste Schwester trieb es bis zur Unerträglichkeit. Sie titulierte mich mit „geborene Verliererin", „Brillenschlange" oder „Dickerchen". Sie verbreitete Gerüchte über mich und versuchte, mich offen und versteckt einzuschüchtern. Ich empfand das als eine Art von Hinrichtung. Wenn ich mich bei meinen Eltern beschwerte, hatte ich anschließend als „Petze" noch schlimmere Repressalien zu erleiden. Deshalb sagte ich irgendwann nichts mehr, um die Lage für mich nicht noch weiter zu verschlimmern. Ich hatte irgendwie keine Rechte und keine Daseinsberechtigung. Wenn ich mal etwas sagen wollte, fiel mir meine älteste Schwester ins Wort, so dass ich irgendwann zu stottern begann. Damit hatte meine Schwester noch einen weiteren Punkt, um mich zu drangsalieren.

Saskia, 24:

Meine ältere Schwester hatte es so richtig drauf, mich zu manipulieren und zu etwas zu bewegen, was ich eigentlich nicht wollte. Wie oft habe ich zu hören bekommen: „Du bist die Einzige, die mir helfen kann ..." Wenn ich versuchte, auf Zeit zu spielen, um mich nicht sofort festlegen zu müssen, sagte sie nur: „Ach ja, ich merke, dass du mir nicht helfen willst, da weiß ich ja, was ich für eine Schwester habe und was ich von dir zu halten habe." Ungefällig wollte ich auf keinen Fall sein und schon war ich am Fliegenfänger und tat etwas, das ich eigentlich gar nicht wollte. Oft hat meine Schwester mich auch nur benutzt, um für sie die Kartoffeln aus dem Feuer zu holen. Wenn etwas, das ich für sie getan hatte, negative Konsequenzen hatte, dann versteckte sie sich immer hinter mir. Sie hatte mich zwar zu etwas angestiftet, das ich dann auch getan habe und damit auch dafür verantwortlich war. Unsere Beziehung war, solange wir zu Hause lebten, geprägt von emotionaler Erpressung, einem von ihr perfekt wirkenden Mechanismus, der nur deshalb funktionieren konnte, weil ich mich nicht wehren konnte. Erst nachdem wir weit voneinander entfernt wohnten und uns nur noch zu Familienzusammenkünften trafen, hatte sie keine Macht mehr über mich und meine Gefühle.

Da sich Geschwister besonders gut kennen – sie sind ja schließlich miteinander aufgewachsen – funktioniert die emotionale Erpressung besonders gut. Es wird mit Druck, Verrat, Intrigen und Bestrafung gearbeitet, um ein bestimmtes Verhalten zu erreichen. Besonders perfide ist es, wenn Geschwister ihr gegenseitiges Vertrauen missbrauchen und androhen, intime Geheimnisse zu verraten, wenn man sich nicht wunschgemäß verhält. Gern setzen Geschwister den Entzug von Liebe und Anerkennung ein, um ihr Ziel zu erreichen. Oft werden auch Schuldgefühle eingesetzt, um seinen Willen durchzusetzen. Die gebräuchlichsten Strategien sind:
• uns an unsere Verpflichtung innerhalb der Beziehung zu erinnern: „Du hattest mir doch versprochen, dass ...“
• uns zu erinnern, dass sie unseretwegen ein Opfer bringen müssen: „Wenn du mir dabei nicht hilfst, können wir nicht zusammen ins Kino gehen.“
• uns klarzumachen, dass sie selbst mehr für die Beziehung tun: „Ich habe schon viermal die Spülmaschine für dich ausgeräumt und du willst mir nicht ein einziges Mal bei meinen Mathe-Hausaufgaben helfen.“
• uns auf Widersprüche zwischen Vorsatz und Verhalten hinzuweisen: „Du naschst ja schon wieder. Ich dachte, du bist auf Diät.“
• unsere Gefühle oder Loyalität in Frage zu stellen: „Wenn dir etwas an mir läge, dann würdest du ...“, „Ich weiß nicht, ob ich mich auf dich verlassen kann.“

• nonverbal „bestrafen" durch Schmollen oder Schweigen.

• nach Jahren noch an vergangene „Untaten" zu erinnern: „Weißt du noch, damals ... Das kann ich dir nie verzeihen."

• auf die schlechte Meinung anderer zu verweisen: „Meine Freundin hält dich auch für total egoistisch."

• den Märtyrer zu spielen, indem sie sich aufopfern und versuchen, uns in Zugzwang zu bringen. „So viel wie ich für dich tue, da musst du doch wenigstens ..."

• intrigieren: „Was meinst du, was deine Freundin von dir hält, wenn ich ihr sage, dass du mir von ihrem Geheimnis erzählt hast."

Durch dieses „Schuld-Programm", das Geschwister meist perfekt beherrschen, weil sie die „inneren Schaltknöpfe" ihrer Opfer kennen, werden diese manipuliert. Sie fühlen sich eingeengt, unter Druck gesetzt: Entweder richten wir uns nach den Vorstellungen des anderen und haben den Eindruck, gezwungen zu werden, oder wir richten uns nicht nach seinen Wünschen und haben Schuldgefühle.

Manchmal äußert sich eine emotionale Erpressung unter Geschwistern auch in einer passiv-aggressiven Art. Dazu gehört beispielsweise, bei Konflikten zu schmollen und sich damit hinter einer uneinnehmbaren Mauer des Schweigens und der Ignoranz zurückzuziehen und den Erpressten für den Konflikt verantwortlich zu machen. Diese Situation ist für jeden Menschen schwer zu ertragen. Um die Spannung nicht aushalten zu müssen, ist es oft nur eine Frage der Zeit, bis der Erpresste nachgibt.

Die Ausdrucksformen geschwisterlicher Streitigkeiten sind sehr vielfältig. Tag für Tag erfinden sie neue Varianten des immer gleichen Spiels: dem Bruder oder der Schwester eins

auszuwischen, zu ärgern, etwas wegzunehmen, Lügenge-
schichten in die Familie zu setzen, den Wert der Person ver-
mindern, einen üblen Streich spielen, das Handy verstecken,
die Freundin ausspannen. Geschwister kämpfen mit sichtbaren und unsichtbaren Bandagen ums Überleben, suchen
Bündnispartner, um ihre eigene Position zu stärken, brauchen Sündenböcke, um sich zu entlasten und sind überzeugt
von der Richtigkeit ihres Verhaltens.

Christina, 46:

> Wenn ich mich an meine Jugend und an meine Geschwis-
> ter zurückerinnere, dann war ich häufig dem Psychoter-
> ror meiner älteren Geschwister ausgesetzt. Mein Bruder
> war fast zehn, meine Schwester fast acht Jahre älter als
> ich. Beide haben mich ganz schön drangsaliert und unter-
> drückt. Meine Mutter war überfordert und häufig krank
> und überließ meinen beiden älteren Geschwistern meine
> „Erziehung". Deren Willkür war ich ausgeliefert. Sie lie-
> ßen ihren Frust an mir, dem schwächsten Glied der Fami-
> lie, aus. Ich konnte nichts dagegen tun, war ihnen unter-
> legen und konnte mich nicht wehren. Das hat in mir ein
> Gefühl von Hoffnungslosigkeit und Ohnmacht hinterlas-
> sen. Später habe ich mich dann von meinen „Peinigern"
> befreit, indem ich den Kontakt zu ihnen abgebrochen habe.

In diesem Fall konnten sich zwei ältere Geschwister an einem
jüngeren Geschwister vergreifen. Das ist feige, weil das ein
Angriff eines Schwächeren ist, der sich nicht wehren kann.
Besonders schlimm war in diesem Fall, dass selbst von der
Mutter keine Hilfe kam, weil die mit sich selbst zu tun hatte.

Wie können manipulierte Geschwister ihre innere Freiheit zurückgewinnen?

Von Geschwistern gehänselt, unterdrückt oder drangsaliert zu werden, bedeutet Stress. Das immer weiter gequälte Opfer braucht Hilfe von Eltern, Lehrern, (gut gesinnten) Geschwistern, Freunden und so bald wie möglich von Psychotherapeuten. Kinder kommen selten ohne Hilfe aus der Opferrolle heraus, denn die Muster der Demütigung und Ausgrenzung greifen deshalb so gut, weil das Opfer auf sie reagiert, wie die Motte auf das Licht. Etwa ab dem 14. Lebensjahr kann eine Befreiung dadurch gelingen, dass das Opfer an sich selbst arbeitet und im Zuge eines erstarkenden Selbstbewusstseins dem Aggressor Grenzen setzt. Dieser wird zunächst einen solchen Widerstand nicht ohne Weiteres hinnehmen. Er wird die „Werkzeugkiste der Manipulation" öffnen und dem Opfer Egoismus und Undankbarkeit vorwerfen und auch, ein schlechter Mensch zu sein und dass es Schuld habe, wenn es ihm, dem Aggressor, nun schlecht ginge. Das Opfer sollte sich dann klarmachen:

• Für seine Gefühle ist jeder selbst verantwortlich. Wenn man sich weigert, sich funktionalisieren zu lassen, ist man noch längst kein schlechter Mensch. Man könnte ebenso gut den Spieß umdrehen und Erwartungen an den anderen richten: Er/sie muss tun, was ich will, erst dann mag ich sie/ihn.

• Es ist annehmbar, wenn der Aggressor sich nach einem Misserfolg erst einmal zurückzieht, wenn er sich ausschweigt oder „mauert". Das darf aber nicht erneut Mittel emotionaler Erpressung sein. Wer den zeitweiligen Rückzug akzeptieren kann, ist nicht mehr manipulierbar.

• Einen Weg aus der geschwisterlichen Manipulationsfalle heraus gibt es nur, wenn man dem anderen klar macht, dass er einem keine Schuldgefühle machen kann. Schuldig sollte man sich nur dann fühlen, wenn man selbst glaubt, etwas falsch gemacht zu haben.

• Die Trennung: Auch bei Geschwistern ist ein Kontaktabbruch nur als letzte Konsequenz zu sehen. Die „Trennung" als Abwehrstrategie gegen seelische Gewalt scheidet für Geschwister im Kindes- oder Jugendalter, die noch im Familienverbund leben, aus. Erst mit Erreichung der Unabhängigkeit von den Eltern ist dieser Weg möglich, wie das folgende Beispiel zeigt:

Johannes, 26:

Ich bin lange Zeit übel von meinen Geschwistern (Bruder und Schwester, beide älter) verletzt worden. Das Repertoire reichte von verachtenden Blicken bis zu gezielt verletzenden Bemerkungen, und das jeden Tag. Zum Selbstschutz habe ich mich in meinem Zimmer eingeschlossen, wenn ich denn überhaupt „zu Hause" war. Inzwischen bin ich ausgezogen, meine Geschwister leben auch ganz woanders und wir sehen uns inzwischen nur noch alle paar Jahre. So geht das alles ganz gut und ich denke, das ist das einzige, was in dieser Situation hilft: diese Menschen so gut es geht hinter sich lassen, sich von ihnen distanzieren und seine „Familie" in Form von guten Freunden (Wahlverwandtschaft) neu zu erfinden. Denn selbst, wenn mein Bruder und meine Schwester sich inzwischen gebessert haben, das Vertrauen zu ihnen ist vollkommen kaputt, so dass eine normale Beziehung zu ihnen einfach nicht mehr möglich ist.

Johannes fühlt sich aufgrund seiner Erfahrungen mit seinen Geschwistern in einer Sackgasse, denn er denkt, dass in Zukunft keine vertrauensvolle Beziehung zu seinen Geschwistern möglich sei. Bei dieser Bewertung schaltet er die Sichtweise der Geschwister völlig aus. Er fragt sie nicht nach ihrer Wahrnehmung der damaligen Situation. Wir erfahren also nur Johannes` Sicht. Er ist verharrt in der Opferrolle, deshalb ist es ihm nicht möglich, einen Perspektivenwechsel zu wagen, um die andere Seite mit ihrer „Wahrheit" zu betrachten. Johannes hat zweifellos unter seinen Geschwistern gelitten und deshalb scheint es ihm derzeit ausgeschlossen, eine neue Sichtweise zuzulassen. Er praktiziert Selbstschutz. Dabei schließt er aber die Hoffnung aus, dass Menschen die Chance haben, sich zu verändern. Wahrscheinlich muss er erst seine tiefen Verletzungen verarbeiten, um bereit zu sein, die Opferrolle zu verlassen, sich mit den Geschwistern versöhnen und verzeihen zu können. Vielleicht kann es ihm auch helfen, Idealisierungen von Familie und Geschwistern abzubauen, um sie, trotz ihrer Fehler und ihres Fehlverhaltens als zugehörig zulassen zu können, denn eine dauerhafte Trennung ist keine wirkliche Lösung. Hilfreich für einen von allen gewollten Neuanfang unter gleichberechtigten Bedingungen könnte auch ein „runder Tisch" sein, an dem man – möglicherweise unter Leitung eines Mediators – Belastungen der Vergangenheit gemeinsam aufarbeitet, um zu einer neuen Beziehungsebene zu kommen.

Partnerschaft und Ehe

Selbst in der glücklichsten Beziehung hängt der Haussegen ab und zu schief. In gesunden Beziehungen werden Konflikte von den Partnern gemeinsam besprochen und gelöst. Kranke Beziehungen sind dagegen durch fortgesetztes destruktives Verhalten eines oder beider Partner zu erkennen. Als seelische Gewalt unterminiert es langsam aber sicher die seelische und körperliche Gesundheit der Partner.

Worte als Waffe – verbale Gewalt

Eine in Partnerschaft und Ehe weit verbreitete Form seelischer Gewalt ist die verbale Gewalt. In der „toxischen" Kommunikation wird die Sprache für alles genutzt, was einen Menschen demütigt, sein Selbstbewusstsein untergräbt und seine Seele angreift. Worte werden als Waffe benutzt.

Worte können ähnlich verletzend sein wie körperliche Gewalt. Die Wirkung der Worte wird häufig vom Aggressor unterschätzt und ist auch nicht immer beabsichtigt. Dumm nur, dass sie sich nicht ungeschehen machen lassen, denn nach Thomas Boone Pickens Jr. ist auch „das (unbedacht) gesprochene Wort wie ein abgeschossener Pfeil. Beide kann man nicht zurückholen."

Seelische Verletzungen durch verbale Kommunikation können auf verschiedene Weise geschehen:
• als „offene Aggression" durch Beschuldigungen, Vorwürfe, Drohungen, Beschimpfungen, Anschreien, Abwertung usw.

• als „getarnte Aggression" durch Anspielungen, sog. „Scherzen", verbunden mit Verharmlosung, Herunterspielen und Leugnung der aggressiven Absicht,
• als „aggressives Schweigen", indem man sich der Kommunikation entzieht.

Vernichtende Kritik – offene Aggressionen

Wenn eine Frau ihrem Partner sagt: „Herr Müller bringt mehr Geld nach Hause als du" oder: „Herr Schmidt ist jetzt Direktor geworden, aber du schaffst es ja noch nicht mal zum Abteilungsleiter", dann mögen diese Aussagen, sachlich betrachtet, richtig sein. Dennoch verletzen diese Worte, weil sie den anderen in Frage stellen und herabwürdigen. Gerade in den engen menschlichen Beziehungen sind wir besonders verletzlich.

Viele Paare stellen fest, dass mit den Jahren die Begeisterung füreinander nachlässt und Eintönigkeit das Geschehen in der Ehe bestimmt. Das Liebesleben findet nur noch vereinzelt statt oder macht nur einem Partner Spaß. Statt an der eigenen Beziehung zu arbeiten, suchen viele Trost außerhalb. Dann erst beginnen die eigentlichen Probleme, die in seelische Gewalt münden können. Über die Jahre finden sich die Partner mit diesem Zustand ab oder trennen sich. Um dies zu vermeiden, ist es wichtig, seelische Gewalt früh zu erkennen und sich dagegen zu wehren.

Der erste Hinweis für Veränderungen in Bezug auf die einstige Wertschätzung gegenüber dem Partner zeigt sich im ruppigen Umgangston, der sich steigern kann durch verletzende Worte. Dann ist eine wichtige Barriere durchbrochen und der Respekt vor dem anderen verloren gegangen. Aber geschieht das aus „heiterem Himmel"? Häufig ist die Gesinnung eines Menschen schon lange vor dem Zusammenleben erkennbar, nur will man sie nicht wahrnehmen oder man interpretiert eine verbale Ungeheuerlichkeit als harmlosen Witz, wie folgendes Beispiel zeigt.

Beate, 45:

> Als ich meinen Mann kennenlernte, bewunderte ich seine energische, durchsetzungsfähige Art. Irgendwann sagte er einmal: „Damit kein Missverständnis aufkommt, du bist der Amboss und ich der Hammer." Was andere Frauen bestimmt als „Wink mit dem Zaunpfahl" aufgefasst hätten, fand ich nur komisch, denn ich konnte mir beim besten Willen nicht vorstellen, dass er das ernst gemeint haben könnte. Schon kurze Zeit, nachdem wir verheiratet waren, machte er seine Ankündigung wahr. Täglich attackierte und drangsalierte er mich und glaubte sich noch im Recht, weil er seine Einstellung ja angekündigt hatte und ich durch mein Schweigen gezeigt hätte, dass ich offensichtlich mit dieser Rollenverteilung einverstanden war.

In der Kommunikation mit dem Partner geht es häufig um die kleinen Worte, die den großen Unterschied machen. Manchmal muss man nur ein Wörtchen ändern und schon klingt alles viel freundlicher, positiver oder aber auch aggressiver. Bitte achten Sie darauf, welche „gefühlte Wirkung" die folgenden, kleinen Änderungen in der Sprache ausmachen:
Sie: „Sag mal, wo ist denn mein Autoschlüssel?"
Er: „Keine Ahnung. Ich habe ihn nicht gehabt, du wirst ihn wohl selbst verlegt haben."

Und schon kann man sich kräftig streiten. Oder, die verschärfte Variante:

Sie: „Sag mal, wo ist denn mein Autoschlüssel?"

Er: „Keine Ahnung. Ich habe ihn nicht gehabt, aber bei deiner Unordnung wundert mich das überhaupt nicht, du legst ihn eben nie dahin, wohin er gehört!"

Seiner Frau generell „Unordnung" vorzuwerfen, weil sie ihren Schlüssel sucht, ist ein Übergriff, eine Beleidigung. Aber zusätzlich geht es um das Wörtchen „nie". Wörter wie immer, nie, alle, jeder, keine usw. können nur ungerecht sein, denn sie verallgemeinern. Der konkrete Fall wird aufgebauscht und generalisiert. Nun geht es nicht mehr um die Suche nach dem Autoschlüssel, sondern um Grundsätzliches, um den Ordnungssinn, ja vielleicht sogar den Charakter der Frau.

In einer gesunden Beziehung kann konstruktive Kritik dazu dienen, die Entwicklung beider Partner zu fördern. Es gibt aber auch Beziehungen, in denen Urteile und Kritik als Machtinstrument missbraucht werden. Während konstruktive Kritik dazu verhilft, Dinge zu verbessern und ein ehrliches, wohlgemeintes Feedback als Hilfestellung und Fördermaßnahme hilfreich ist, die eigene Außenwahrnehmung zu testen, ist vernichtendes Urteilen oder Kritisieren Sabotage, bei der es darum geht, eigene Überlegenheit zu signalisieren und den Partner herabzusetzen.

Die Abwertung des Partners ist die gängigste Waffe auf dem Gebiet der verbalen Gewalt. Die Gefühle des Opfers oder die gesamte Person werden nicht ernst genommen, vielmehr in Frage gestellt. Typische Sätze aus dieser Kategorie sind:

- „Wie kannst du nur so humorlos sein."
- „Sei nicht so zimperlich."
- „Übertreib nicht immer so."
- „Das bildest du dir bloß ein."
- „Dann such dir doch jemanden, der besser zu dir passt."
- „Abstraktes Denken: Fehlanzeige! Du warst ja auch nur auf der Fachhochschule."
- „ Du solltest dich jetzt mal im Spiegel sehen!"
- „... und wie du aus dem Leim gegangen bist!"
- „Du hast wirklich zwei linke Hände."
- „Du kommst schon aus einer komischen Familie!"

Diese „Du-Botschaften" sind psychische Übergriffe, die zu einem fortschreitenden Selbstwertverlust des Adressaten führen (sollen). Das Opfer soll mit Worten „mundtot" gemacht werden.

Charlotte, 49:

Ich war engagierte Kunstlehrerin am Gymnasium und nahm häufig mit besonderen Klassen an Wettbewerben teil. Wenn ich für die Schule einen Preis gewann, über den sogar die Lokalpresse berichtete, kommentierte mein damaliger Mann das so: „Auch ein blindes Huhn findet mal ein Korn!" Oft titulierte er mich auch als „hochgradig bescheuerte Maltante". Ich habe mich oft gefragt, warum ich mir dauernd solche Herabsetzungen bieten lasse. Im Rahmen einer Psychotherapie nach drei Nervenzusammenbrüchen innerhalb eines Jahres erkannte ich, dass mein Mann mich mit solchen abwertenden Kommentaren kleinhalten wollte, weil er Angst hatte, ich könnte ihn verlassen. Ich erkannte die Kuriosität, dass er mich nicht drangsalierte, um mich loszuwerden, sondern um mich an ihn zu binden. Da ich mehrfach am Tag irgendetwas Herablassendes zu hören bekam, was sich wie eine Dauersuggestion auswirkte, traute ich mir nichts mehr zu.

Verbale Gewalt äußert sich nicht nur wie in diesem Beispiel, in dem eine Leistung abgewertet wird, sondern auch in der Demotivation des Partners bezüglich seiner Ideen und Pläne. (Übrigens sind es selbstverständlich nicht nur die Männer, die den Frauen seelische Gewalt antun. Wenn ich „Partner" oder „Partnerin" schreibe, kann auch immer an das andere Geschlecht gedacht werden.) Stellen Sie sich vor, Sie interessieren sich für ein neues Projekt, Sie sprechen mit Ihrem Partner darüber und bekommen zu hören: „Das ist doch nichts Neues" oder: „Und? Was soll daran so toll sein?"

Das Einzige, was er damit nährt, sind Ihre Selbstzweifel und Ihre Unsicherheit. Er schwächt Sie gezielt und bewusst.

Eine andere Form verbaler Gewalt ist ständiges Unterbrechen. Der Aggressor stört Ihre Arbeit, Ihre Gespräche, er unterbricht Sie in Gesprächen mit anderen, um von Ihnen begonnene Geschichten selbst zu Ende zu erzählen.

Schließlich gehören zu den Formen offener Aggression Beleidigungen wie: „Schlampe!", „Macho!", „Blöde Kuh!", „Loser", „Hysterische Ziege!", „Idiot!", „Verklemmte Kuh, du bist genauso spießig wie deine Mutter".

Worte hinterlassen keine sichtbaren Spuren. Und doch können sie genauso zerstörerisch sein wie Schläge oder Fußtritte, zumal diese Form der Gewalt, ebenso wie Schläge, meistens nur dann ausgeübt wird, wenn das Paar allein ist.

Böse Worte sind in der Erregung leicht gesagt, doch wenn sie auch noch eine Schwachstelle, einen „wunden Punkt" in uns treffen, wirken sie umso verheerender. Eine Frau wird die „Verklemmte Kuh" nicht wieder vergessen – ganz egal, wie reuig sich der ausgerastete Ehemann später zeigt. Sie wird immer denken: Im Grunde schätzt er mich nicht, sonst wäre es ihm unmöglich, so mit mir umzugehen. Die Liebe hat dann einen hässlichen Kratzer, eine kleine, unsichtbare Beschädigung.

Worte verletzen besonders dann, wenn sie uns öffentlich in Frage stellen, lächerlich machen oder abwerten.

Lena, 37:

Ich bin noch nicht lange verheiratet und erlebe in zunehmendem Maße, wie der Respekt meines Mannes vor mir schwindet. Vorgestern hat er mich als „Blödes Arschloch" bezeichnet, weil ich vergessen hatte, seine Oberhemden zu bügeln. Wochen vorher nannte er mich nach dem Abendessen bei einer etwas lebhaften Diskussion „Miststück" und „Schlampe". Als Entschuldigung führte er jeweils an, ich hätte ihn provoziert. Noch schlimmer finde ich, dass er in Gesellschaft keinerlei Solidarität signalisiert. Wenn mich jemand in seiner Gegenwart verbal angreift, sitzt er stumm und tatenlos da. Mich verletzt das zutiefst! Ich hatte schon Weinkrämpfe, weil ich so ein Verhalten in der Öffentlichkeit nicht ertragen kann. Er sitzt dann lethargisch daneben und schnauzt mich an, ich solle nicht „flennen". Wahrscheinlich habe ich mich schon an die niederträchtigen

Kommentare meines Mannes gewöhnt, an bestimmten Tagen bin ich kurz davor, die Koffer zu packen. Inzwischen zweifle ich bereits an mir selbst, ob ich nicht zu empfindlich bin.

Nur wenigen Menschen gelingt es, auf offene verbale Angriffe souverän und schlagfertig zu reagieren. Die meisten fühlen sich hilflos. Wie unter Schock stehen sie da, gelähmt, sprachlos, gedemütigt. Es sind die Zeichen einer destruktiven Beziehung. In der Folge zeigen sich die Symptome für ihre krankmachende Wirkung:

• Verhaltenssymptome: Appetitlosigkeit, Schlafstörungen, Vermeidungsverhalten, unterwürfiges Verhalten, innere Emigration, zunehmende Unsicherheit, Angstattacken.

• Körperliche Symptome: Kopfschmerzen, Magenschmerzen, Muskelverspannungen, Atemprobleme, Herzrasen, Rückenschmerzen, Schweißausbruch.

Lesen Sie unter „Abwehr verbaler Gewalt", wie Sie sich gegen offene Aggressionen wehren können.

Nur Spaß? – getarnte Aggressionen

Im vorangegangenen Kapitel habe ich gezeigt, welchen Schaden verbale Gewalt in der Form offener Aggressionen in einer Partnerschaftsbeziehung anrichtet. Es ist ein weit verbreiteter Irrglaube, dass verbale Gewalt vor allem in Form von Wutausbrüchen, ständigem Geschrei, Abwertung und dauerhafte Nörgelei usw. auftrete. Neben diesen offenen Aggressionen gibt es subtile Formen verbaler Gewalt, die, weil sie getarnt oder maskiert werden, oft schwer zu erkennen sind, aber ebenso verheerend wirken. Wie kann man sie also erkennen?

Zunächst tarnt sich der Aggressor gegenüber seiner Umwelt: Außenstehende erleben den „Täter" meist als anständigen, erfolgreichen, sensiblen, ruhigen, unauffälligen Menschen. Er wirkt gelassen und kontrolliert. Die Wahrheit ist aber: Täter haben zwei Gesichter. Gegenüber seinem „Opfer" benimmt sich ein „Täter" kontrollierend, egoistisch, fordernd, überkritisch und bösartig. Außenstehende sehen, wenn sie überhaupt etwas mitbekommen, nur die Reaktion des „Opfers" und nicht die Misshandlung, durch die sie ausgelöst wurde. Wer soll einem „Opfer" glauben, dass dieser charmante, nette, hilfsbereite, erfolgreiche Mensch auch boshaft, grausam und verletzend sein kann?[16] Wer soll glauben, dass dieser charmante, nette, hilfsbereite, erfolgreiche Mann so grausam und verletzend sein kann?

Hinzu kommt, dass die Aggressionen selbst getarnt werden. Hierzu gibt es mehrere Strategien:
• Die Aggression wird in einem Witz auf Kosten des anderen versteckt.
• Die Aggression wird geleugnet.
• Die Gründe für die Aggression werden geleugnet.

Die Aggression wird in einem Witz versteckt
Verbale Angriffe werden häufig als Scherze getarnt oder bedienen sich der Waffe der Ironie. Der tatsächlich erfolgte Hieb wird oft nicht sofort erkannt, sondern hinterlässt nur ein dumpfes Gefühl von „irgendwie tat das weh, aber ich weiß nicht, was ich dazu sagen soll".

Es gibt aber auch feige Täter, die in Abwesenheit der Partnerin über sie lästern und sogar andere dazu einladen, sich an der Demontage zu beteiligen. Deren Kommentare werden dann genüsslich an die Partnerin weitergeben und der Täter wird äußerst überrascht tun, wenn sie sich darüber echauffiert und die Kommentare der anderen alles andere als witzig oder komisch findet. Typischerweise behauptet er, dass sie wieder einmal überreagiert, dass doch alles „nur ein Spaß" sei, und dass niemand sie durch diese kleinen Scherze verletzen wolle.

Jana, 32:

> Es sollte ein netter Abend mit Freunden werden – erst kochen, dann gemeinsam essen, später zusammensitzen, Wein trinken, quatschen. Doch dann passierte folgendes: Ich hatte gerade einen Becher Sahne in die Gorgonzolasoße gekippt und das Ganze mit „Hmm, lecker Fett!" kommentiert, als Tom, mein Freund, mir seinen Arm um die Hüften legte, von hinten an meinen Bauch fasste und mir mit hoher Stimme nachäffend sagte: „Hmm, lecker Fett!" Dann kicherte er und drückte mir einen Kuss auf die Wange. Mir war nicht zum Kichern zumute. Ich wurde rot, stocherte später lustlos in meinem Essen herum, verzichtete auf den Nachtisch, erklärte um halb zehn, ich sei müde, und verabschiedete mich.

Was ist hier passiert? Obwohl Jana und Tom sich normalerweise gut verstehen, hat Tom seine Freundin verletzt. Er hat seine Jana vor ihren besten Freunden vorgeführt, hat über sie gelacht und obendrein so getan, als wäre nichts passiert. Fakt ist: In keiner emotionalen Beziehung wird so viel beleidigt, so gemein verletzt, so hemmungslos vorgeführt wie in Liebesbeziehungen. Gegenüber dem Menschen, den wir womöglich am meisten lieben, erlauben wir uns Dinge, die wir uns bei einer langjährigen Freundin verkneifen würden. Und wir lassen uns Sachen gefallen, für die wir dem besten Kumpel die Freundschaft kündigen würden.

Grundsätzlich ist Humor in der Partnerschaft ein wichtiges Element und Schlagfertigkeit geistiges Florett. Sarkastischer Humor allerdings macht den anderen klein. Sarkasmus ist eine aggressive Form der Ironie und unterstreicht ein bestehendes Machtgefälle. Humor wird missbraucht, wenn er als Waffe benutzt wird. Noch perfider ist es, wenn scheinbar witzige Bemerkungen den anderen „vorführen" und abwerten sollen.

Beispiele für scheinbar witzige Bemerkungen:
• „Willst du den Barockengeln Konkurrenz machen?"
• „Bei deinem Chaos brauchst du sicherlich einen Kompass, um deine Sachen wieder zu finden?"
• „Schön, dass du beim Preisausschreiben etwas gewonnen hast. Auch ein blindes Huhn findet mal ein Korn."
• „Als die Schönheit verteilt wurde, hast du wohl vergessen, dich zu melden?
• Eine Frau erzählt ihrem Mann, sie habe von einer anderen Frau gehört, dass diese von ihrem Mann verlassen worden sei nach 15 Jahren Ehe und drei Kindern. Jetzt habe sie sich von einem Schönheitschirurgen „rundum erneuern" lassen. Antwort des Ehemannes: „Nach 15 Ehejahren und drei Kindern neigen Frauen dazu, sich ein bisschen gehen zu lassen und zuzunehmen. Die meisten Männer sind nicht so nachsichtig wie ich."

Ist es nicht einfach nur hinterhältig, wenn ein Mensch seine Aggression auf Kosten eines anderen entlädt? Bei genauem Hinsehen lässt sich im Nachhinein die vermeintliche Überlegenheit des Täters immer wieder als versteckte Feindseligkeit entlarven.

Verbale Aggressionen werden nicht nur durch „witzige" Bemerkungen getarnt. Eine ähnliche Strategie besteht darin, sie in ein Kompliment einzubetten, wodurch sie oft nicht auf Anhieb zu erkennen sind. Dazu ein Beispiel:

Heidi, 49:

> Bei einer Einladung bei Freunden machte mein Mann dem Gastgeber Komplimente auf meine Kosten, indem er sagte: „Thilo, du machst ja wundervolle Fotos. Meine Frau macht immer nur Knipsfotos." Ich hätte gar nichts dagegen gehabt, dass mein Mann die Bilder des Gastgebers bewundert und lobt. Geschmerzt hat mich allerdings, dass ich im Vergleich herhalten musste und dass meine Fotos vor anderen abgewertet wurden.

Auch in der folgenden Bemerkung werden Kompliment und Frechheit eng miteinander verbunden: „Ist das auf deinem Mist gewachsen? Soviel Intelligenz hätte ich dir gar nicht zugetraut."

Die Aggression wird geleugnet
Wenn man auf einen verbalen Angriff, wie z. B. eine „witzige Bemerkung" reagiert, bekommt man vielleicht Sätze wie den folgenden zu hören: „Du hast einfach keinen Humor!"

Christina, 45:

Ich habe einmal zufällig mitbekommen, dass mein Mann ein Telefonat mit einem seiner Freunde geführt hat. Dabei bekam ich mit, dass er sich über mich lustig machte und indirekt über mich beschwerte, dass er bei mir einen schweren Stand habe. Nach dem Telefonat „steckte" mein Mann mir, dass sein Freund geäußert habe, dass ich eben, „die Hosen an" hätte. Als ich mich über die übergriffige Bemerkung seines Freundes aufregte, der mich kaum kennt und mich überhaupt nicht beurteilen kann, versuchte mein Mann, den Vorfall herunterzuspielen. Er tat ganz verwundert, warum ich mich so aufrege, eigentlich habe sein Freund das doch nicht ernst gemeint, sondern nur eine witzige Bemerkung gemacht. Ich sei humorlos, zu empfindlich und mache daraus ein Drama.

Weitere solcher Rechtfertigungsversuche sind:
• „Du hast das in den falschen Hals bekommen."
• „Dein Problem ist, dass du alles gleich als Beleidigung auffasst."
• „Du suchst einfach nur Streit."
• „Du machst mal wieder aus einer Mücke einen Elefanten."
• „Das bildest du dir nur ein."
   Die Aussage, die hinter diesen Rechtfertigungen steht, lautet: „Ich habe dich nicht angegriffen, du bist selbst schuld, wenn du dich verletzt fühlst."
   Die meisten Menschen, die boshafte Bemerkungen machen, versuchen sich häufig mit der Ausrede „Das habe ich nicht so gemeint!", aus der Affäre zu ziehen. Aber Menschen, die etwas Boshaftes sagen und nachher behaupten,

man habe nur „Spaß gemacht" oder sei nur missverstanden worden, sagen sehr viel über sich selbst aus. Sie zeigen, dass sie dem Opfer gegenüber negative Gefühle haben. Boshafte Bemerkungen, gefolgt von der Begründung „Ich habe doch nur Spaß gemacht", sind getarnte Aggressionen.

Ein Partner, der seine verbalen Aggressionen im Nachhinein leugnet, entwertet die Gefühle seiner Partnerin. Er will damit erreichen, dass die erfolgte seelische Gewalt nicht als solche erkannt wird.

Die Gründe für die Aggression werden geleugnet
Es gilt als aufgeklärt, aufgeschlossen und intelligent, wenn „Mann" nichts dagegen hat, dass sich eine Frau nicht mit der Haushaltsführung allein begnügt, sondern sich weiterentwickeln will. Sie möchte Kurse besuchen, neue Aufgaben und Verantwortung übernehmen. Also erklärt er ihr, es zu begrüßen, wenn sie neue Fähigkeiten erlerne und damit ihren Horizont erweitere. Sein eigentliches Interesse besteht aber darin, weiterhin von ihr – wie bisher – voll umsorgt zu werden. Da er nicht offen über seine Motive sprechen kann, ergreift er subtil diverse Maßnahmen, um seine Frau auf ihrem Weg auszubremsen. Er spielt den still Leidenden und beschwert sich darüber, dass sie plötzlich so wenig Zeit für ihn habe. Unter den wenigen Aufgaben im Haushalt, die er zu ihrer Unterstützung übernommen hat, scheint er fast zusammenzubrechen. Er wirft ihr immer wieder vor, wie sehr sie ihn überfordere und dass er alles nur für sie täte. Um das Verhalten zu verstehen, müssen wir der Frage nachgehen, welche Gründe der Partner hat oder welche Ziele er verfolgt.

Bei dem geschilderten Fall ist nicht von Anfang an offen über den grundlegenden Interessenskonflikt gesprochen worden. Selbst wenn der Partner damit einverstanden wäre, kann sich oft folgender Konflikt entwickeln: Eine Veränderung der Partnerin verunsichert den Partner. Wenn sich in einer Partnerschaft einer weiterentwickelt, ist es verständlich, dass der andere Angst bekommt, nicht mehr mithalten zu können oder den Partner sogar zu verlieren. Meistens ist einem diese Verunsicherung nicht bewusst und statt sich mit den eigenen Ängsten auseinanderzusetzen, muss oft der Partner dafür herhalten. Um das „gestörte" Gleichgewicht wieder herzustellen, wird der Partner kleingemacht. Darin besteht das Ziel des „Täters".

Es ist seine Absicht, dem „Opfer" das Gefühl zu vermitteln, dass es der Grund für alle Beziehungsprobleme ist und dass das sein Verhalten nur eine Reaktion auf die nicht akzeptable Entwicklung des Partners oder der Partnerin ist. Eine Verbesserung in der Beziehung sei nur durch eine adäquate Änderung des Verhaltens des „Opfers" möglich. Die Aggression wird also mit hohen Ansprüchen an die Partnerin gerechtfertigt. Möglicherweise ist auch der Partner nie zufrieden. Er erwartet letztlich weitaus mehr. Einer der Gründe für dieses Ungleichgewicht ist, dass sein Beziehungskonzept nicht auf Liebe, sondern auf Kontrolle basiert. Solche Täter erwarten, dass sich nicht nur das Verhalten ihre Partnerinnen ändert, sondern im Grunde die Partnerin selbst.

Wie ich wiederholt in meinen Seminaren erfahre, ist dieses Bestreben, den Partner verändern zu wollen, der Hauptgrund aller Ehestreitigkeiten.

Mona, 41:

Mein Mann hat es immer wieder geschafft, mir für seine Unzufriedenheit ein schlechtes Gewissen zu machen und mir immer wieder den Eindruck vermittelt, noch nicht genug für ihn zu tun. Erst waren es meine Eigenheiten, die er an mir mochte. Im Laufe unserer Beziehung wurden auf einmal diese Dinge ins Gegenteil verkehrt. Aus „Zielstrebigkeit" wurde „Sturheit" – aus „Geradlinigkeit" die „Unfähigkeit, Kompromisse zu schließen". Weil ich an mir zweifelte, irgendwie nicht richtig zu sein, passte ich mich immer mehr an und verbog durch Überanpassung meine Persönlichkeit. Aber je mehr ich mich angepasst, getan und gegeben habe, es war nie genug. Ich hatte den Eindruck, dass das Stöckchen immer höher gehalten wurde, über das ich springen sollte. Aus meiner Unfähigkeit, den Ansprüchen meines Mannes zu genügen, leitete er sein Recht ab, Kontrolle über mich auszuüben, mich zu drangsalieren, zu kritisieren und ständig zu überfordern.

Subtile Verletzungen, die gut getarnt sind, haben das Ziel, das Opfer dauerhaft zu entwerten. Man untergräbt das Selbstwertgefühl des anderen nach dem Motto: „Steter Tropfen höhlt den Stein!" Man macht ihn so lange klein, bis er selbst glaubt, nichts wert zu sein und froh ist, dass der Partner bei ihm bleibt.[17]

Die Partnerin realisiert nicht oder nur langsam, dass ihr eigenes Unwohlsein viel mit den von ihrem Partner eingesetzten Strategien zu tun hat. Je mehr Zeit eine Frau in einer solchen Beziehungskonstellation verbringt, desto mehr wird sie anfangen, an sich selbst, ihren Handlungen und ihrem Glauben zu zweifeln. Es ist dieser ewige Gegensatz zwischen dem Menschen, den sie liebt und dem Menschen, der ihr schadet, der die Partnerin zutiefst verwirrt. Seine emotionalen Gewaltakte sind sogar häufig selbst durchsetzt mit Beteuerungen seiner Liebe, dass sie die Beste sei, die er jemals kennengelernt habe und dass er endlich anfangen wolle, netter und aufmerksamer zu ihr zu sein. Dies führt zu weiterer Verwirrung. Sie hofft und hofft, dass, wenn sie genug tut, wenn sie ihm genug gibt, er aufhören wird, sie zu verletzen und dass seine liebevolle, umsorgende Seite wieder auftaucht. Leider ist dies oft ein Trugschluss. In solchen Fällen muss deutlich mehr getan werden. Am besten, suchen Sie einen Eheberater oder einen Paartherapeuten auf.

Sprachlosigkeit – aggressives Schweigen

Verbale Kommunikation ist ein Grundpfeiler jeder Partnerschaft. Darum ist Sprachlosigkeit ein Alarmzeichen für den Zustand einer Beziehung. Wie kommt es dazu, dass Männer und Frauen nicht mehr miteinander sprechen? Ein Grund liegt sicher in einem Wesensunterschied von Männern und Frauen. Manche Männer sprechen nach der Phase des Verliebtseins nur noch ungern über ihre Gefühle, Sehnsüchte oder Probleme.

Es gibt durchaus Paare, die sich ohne viele Worte sehr gut verstehen – aber nur deshalb, weil sie dann andere Formen der Kommunikation beherrschen und pflegen, eben nonverbale.

Unbestritten ist, dass in den meisten Partnerschaften zu wenig miteinander gesprochen wird.[18] Da bleiben Probleme jahrelang unausgesprochen. Schon allein der Satz „Schatz, darüber müssen wir mal reden" schlägt so manchen gestandenen Mann in die Flucht. Immer wieder werden längst überfällige Diskussionen (Beispiel: Testament) aufgeschoben. Solange keine Lösung parat ist, fühlen sich Männer oft hilflos und vermeiden das Thema. Viele fürchten auch, sich um Kopf und Kragen zu reden und leben nach dem Motto: Bevor ich etwas Falsches sage, sage ich lieber gar nichts!

Wir teilen uns unserem Partner nicht mit, sagen ihm nicht, was uns bewegt oder beschäftigt. Auf diese Weise entsteht eine Entfremdung, man lebt sich auseinander, hat sich nichts mehr zu sagen und am Ende herrscht das „große Schweigen". Von den meisten Lebenspartnern wird diese gefährliche Entwicklung nicht reflektiert oder aber ignoriert und schließlich akzeptiert.

Eine besondere Gefahr für Paarbeziehungen ist das „aggressive Schweigen".

Man redet bewusst nicht mehr miteinander. Es handelt sich sozusagen um die negative Ausprägung verbaler Gewalt. Man lässt den anderen „auflaufen".

Das Schweigen wird als Waffe gegen den Partner eingesetzt, womit der Charakter seelischer Gewalt offenbar wird. Diese Waffe wird von Männern und von Frauen eingesetzt. Beispielsweise straft die Frau ihren Mann wegen dessen aufgedeckter Untreue mit eisigem Schweigen. Männern dient diese Methode der Machterhaltung. Sie verweigern einen Dialog und damit jegliche Aufklärung und Aufarbeitung vorhandener Probleme. Häufig ist einer der unbewussten

Winkelzüge eines Mannes jener, dass selten oder nie gesagt wird, was wirklich gemeint ist. Folglich bekommt die Partnerin doppeldeutige Botschaften.

„Der Konflikt wird nicht benannt, aber er findet ständig statt durch herabsetzendes Verhalten. Der Aggressor weigert sich, seine Einstellung zu erklären. Diese Weigerung lähmt das Opfer, das sich auf diese Weise nicht verteidigen kann, was die Fortsetzung der Aggression möglich macht. Indem er sich weigert, den Konflikt beim Namen zu nennen, zu diskutieren, verhindert der Aggressor eine Auseinandersetzung, die es ermöglichen könnte, eine Lösung zu finden. Sich dem Dialog zu entziehen ist eine geschickte Art, den Konflikt zu verschärfen und ihn dabei dem anderen in die Schuhe zu schieben."[19]

Sandra, 41:

Mein Mann macht nie eine klare Ansage, was er möchte oder was ihm fehlt. Wenn er sich vernachlässigt fühlt, sagt er das nicht, sondern zeigt mir das durch seine subtilen Spielchen. Er versucht mich beispielsweise zu bestrafen, indem er stoisch schweigt und mich ignoriert. Wenn ich ihn direkt frage, was los sei, schweigt er und tut so, als wäre nichts. Oft reagiert er überhaupt nicht und gibt mir damit das Gefühl, Luft zu sein und für ihn nicht zu existieren. Wenn ich dann ausraste und mit Wut und Ärger reagiere, lässt er mich auflaufen. Er entzieht sich der Kommunikation und behauptet, ich bilde mir etwas ein, es sei nichts und ich solle nicht sinnlos rumnörgeln. Damit dreht er den Spieß um und schiebt mir den „schwarzen Peter" zu.

Sarah, 36:

Mein Mann ist einerseits charmant und liebenswürdig.
Aber wenn ich etwas sage, was ihm nicht gefällt, dann
traktiert er mich mit verächtlichem Schweigen, das wie
Folter wirkt. Mit diesem eiskalten Schweigen zeigt er mir
das ganze Ausmaß meiner Nichtswürdigkeit. Es ist dieser Schwund an Selbstbewusstsein, dieses Kleinwerden,
das ich dann spüre. Sein Schweigen erstreckt sich über
Stunden und Tage. Irgendwann geht er ohne Entschuldigung oder einen Klärungsversuch einfach zur Tagesord-
nung über. Seine Ignoranz, Demütigung, Erniedrigung,
Hinhaltetaktik, Unaufrichtigkeit, Vernebelung und Ver-
drehung der Fakten und der Wahrheit, der immer wieder
auftretende Sarkasmus und die ständigen Kränkungen
haben einen Namen: Passive Aggressivität. Immer sind
die anderen Schuld, nur er hat recht und er ist sich niemals einer eigenen Schuld bewusst ... was ihn auch von
jeglichen Entschuldigungen entbindet.
Ich bin eine zähe Kämpferin, wenn es drauf ankommt
und stehe loyal zu denen, die ich liebe, aber sein Verhalten macht mich krank und ich denke zum ersten Mal
ernsthaft über eine Trennung nach.

Sina, 29:

Ich habe seit Monaten Probleme mit meinem Freund,
der nie direkt seinen Ärger herauslässt, sondern nur
schweigt und schmollt und sich als das Opfer in unserer
Beziehung sieht und der gleichzeitig seine Aggression
subtil durch Schweigen oder Unterlassen ausdrückt,

was für mich schlimmer ist als jede direkte Kritik. Ich habe oft den Eindruck, dass ich immer „die Doofe" bin, wenn ich Unbequemes ausspreche und Probleme auf den Tisch bringe. Kommt es zwischen uns zum Konflikt, bin ich letztlich allein verantwortlich für die Situation, weil ich ja etwas auszusetzen hatte.

Mein Freund versteht es, jeden Konflikt so zu drehen, dass ich am Ende als Übeltäterin dastehe. Damit schafft er bei mir Verunsicherung und Verwirrung mit der Folge von Selbstzweifeln. Dieses Verhalten gräbt mir sämtliche Energie ab. Ich liebe meinen Freund, aber die Beziehung zu ihm raubt mir jede Kraft und ich weiß nicht wie lange ich noch so weitermachen kann.

Wie die drei vorausgegangenen Beispiele zeigen, erzeugt dieses passiv-aggressive Verhalten Verunsicherung. Die Beispiele machen die Destruktivität der Kommunikationsverweigerung deutlich und welche Folgen und Auswirkungen sie haben kann.

Fazit: Fest steht, dass schweigend die Liebe einfriert. Deshalb ist ein regelmäßiger Gedankenaustausch unverzichtbar. Sich diesem durch Schweigen zu entziehen, ist Ignoranz und Nichtachtung des Partners und eine Form seelischer Gewalt.

Abwehr verbaler Gewalt

Vor jeder Abwehr seelischer Gewalt steht ihre klare Wahrnehmung. Verbale Gewalt in Form der offenen Aggression ist im Wesentlichen an den Wutausbrüchen, dem Geschrei, der Abwertung und Dauerkritik zu erkennen. Getarnte Aggression ist nicht so leicht zu „identifizieren", aber wenn Sie Ihren Aggressor genau beobachten und in sich hinein hören, werden Sie auch diese Art seelischer Gewalt erkennen und benennen können. Hilfreich ist es immer, sich Notizen zu machen, nachdem es wieder zu einem Vorfall gekommen ist. Das „aggressive Schweigen" braucht dagegen keine besonderen Erkenntnisbemühungen, es ist „unüberhörbar".

Bevor man etwas verändern kann, muss man sich zunächst klar machen, dass verbale Gewalt eine Form von „Gehirnwäsche" ist, die das Opfer von seiner Wahrnehmung entfremdet und sein Selbstbewusstsein zerstört, was am Ende sogar dazu führen kann, die Schuld für die verbale Misshandlung bei sich selbst zu suchen und zu denken: „Ich bin zu empfindlich." Wer ein Opfer verbaler Gewalt in der Ehe ist, muss wissen, dass es dem anderen darum geht, Kontrolle über seinen Partner zu erlangen und sich selbst aufzuwerten, indem er den anderen abwertet und kleinmacht.

Diese Erkenntnisse sind die Basis für mögliche Abwehrstrategien.

Damit sich solche aggressiven Verhaltensweisen nicht ausweiten, ist es empfehlenswert, in einer Beziehung von Anfang an klarzustellen, was akzeptables Verhalten ist und damit dem Partner klare Grenzen zu setzen.

Entschuldige bitte!
Es gibt Verletzungen, die wir unserem Partner nicht so einfach verzeihen können. Ein „Entschuldige bitte!" reicht in der Regel nicht, denn wer seinen Partner verletzt hat, hat Schuld auf sich geladen. Diese Schuld kann ihm der andere aber nicht nehmen, weil sie zum Täter gehört. Eine Entschuldigung gibt es also gar nicht.

Viel besser ist es, wenn der Partner, der verletzt hat, zu seiner Tat steht. Tiefe Wunden müssen schließlich heilen können. Am besten geschieht das dadurch, dass der Täter sich um die Verletzung des Opfers kümmert. Der Täter sollte auf seinen Partner zugehen und nach dem Ausmaß der Verletzung und nach der Größe des Schmerzes fragen und ihn um Verzeihung bitten: „Das tut mir leid. Es schmerzt mich zu sehen, wie sehr ich dich verletzt habe."

Man kann versuchen, eine ernsthafte Auseinandersetzung über das Verhalten des Aggressors zu führen, um die Gründe für das Fehlverhalten zu ermitteln. Das ist aber nur dann möglich, wenn der Aggressor einlenkt und grundsätzlich kooperativ ist.

Widersprüchliche Aussagen

Oft wird in Partnerschaften geschwiegen, statt Probleme offen anzusprechen. Dieses Schweigen kann für den Partner sehr belastend sein. Manchmal kann es für Opfer aggressiven Schweigens sinnvoll sein, Nähe zu vermeiden und Unabhängigkeit zu demonstrieren („Ich bin von dir nicht abhängig, wenn du nicht mit mir sprechen willst, telefoniere ich eben mit meiner Freundin!").

Eine Weiterentwicklung des öffentlichen Bewusstseins von seelischer Gewalt in Partnerschaft und Ehe ist in Frankreich zu beobachten: Frankreich verabschiedete ein neues Gesetz und macht psychische Gewalt strafbar. Damit sollen Familienmitglieder vor Erniedrigungen, permanenten Beleidigungen und anderen Formen seelischer Gewalt in den eigenen vier Wänden geschützt werden. Den Gesetzgebern war bewusst, dass die Trennlinie zwischen einem mit Worten ausgetragenen Ehestreit und einer Erniedrigung nicht einfach zu ziehen ist. Ihrer Definition zufolge ist es strafbar, wenn „das wiederholte Verhalten und die Worte darauf abzielen, die Lebensbedingungen des Opfers herabzusetzen, indem dessen Rechte und Würde verletzt oder dessen physische oder geistige Gesundheit beeinträchtigt wird".[20]

In der Praxis wird es für das Opfer dennoch schwierig sein, den Tatbestand psychischer Gewalt zu beweisen. Die Richter werden häufig vor widersprüchlichen Aussagen der Lebenspartner stehen und müssen sich dabei auf Zeugenaussagen oder schriftliche Beweise wie Briefe, Mails oder SMS stützen. Trotzdem besteht der große Fortschritt darin, dass diese Form der Gewalt als Delikt endlich beim Namen genannt und so von der Gesellschaft nicht länger ignoriert wird.

Wenn sich das „Täter-Opfer-Schema" verfestigt hat, ist es dem Opfer meist nur mit therapeutischer Hilfe möglich, sich aus einer derart destruktiven Beziehungskonstellation zu befreien, weil es sich trotz seines Leidens vom Partner abhängig fühlt. Die erste therapeutische Maßnahme besteht darin, das Selbstwertgefühl des Misshandelten aufzubauen und ihm bewusst zu machen, dass Gewalt und Liebe nicht zueinander passen, dass er Selbstschutz praktizieren und einen solchen Umgang mit sich nicht zulassen darf. (s. Weiterführende Literatur (4) im Anhang)

Sie werden es bemerkt haben, getarnte Aggressionen haben etwas mit Lügen zu tun, mit versteckten Lügen. Das führt uns zu der grundsätzlichen Frage, welche Rolle die Lüge in einer Partnerschaftsbeziehung spielt.

Ehrliche Antwort!

Obwohl Wahrheit in unserer Gesellschaft angeblich ein hohes Gut ist, lügen sich Menschen tagtäglich an. Oft wird gelogen aus Höflichkeit, Bescheidenheit, Angst oder nur deshalb, um sich besser darzustellen. Niemand spricht von Lüge, wenn jemand sein Alter beschönigt oder einem unangenehmen Termin mit einer Notlüge ausweicht. Im Zusammenhang mit destruktiven Beziehungen zwischen (Ehe-) Partnern interessiert hier, wie viel Lüge aber auch wie viel Ehrlichkeit eine Beziehung verträgt.

Fragt die Frau ihren Mann: „Schatzi, wie findest du dieses Kleid?" Und er antwortet: „Das Kleid finde ich schön, aber um ehrlich zu sein, macht es dich etwas dick."

Wer dem Wunsch des Partners nach einer ehrlichen Antwort immer so direkt nachkommt, könnte schnell wieder zum Single werden. Ehrlichkeit um jeden Preis scheint also nicht immer Erfolg versprechend zu sein. Es stellt sich also die Frage, ob man den Partner manchmal anschwindeln darf oder muss, um ihn zu schonen – oder sich selbst zu schützen – oder ob man ihn immer mit der Realität konfrontieren muss.

Übertreibungen, Schmeicheleien oder Höflichkeiten zählen zu den gesellschaftlich akzeptierten Unwahrheiten, die uns als solche nicht immer bewusst sind. „Du siehst heute bezaubernd aus!" Welche Frau hört ein solches Kompliment nicht gerne? Schmeicheleien gehören zu den akzeptierten Lügen.

Gerade in der Partnerschaft sind Lügen in der Regel gut gemeint. Man will dem Partner gefallen, ihn schützen oder ihm einen Gefallen tun. Doch auch gut gemeinte Unwahrheiten können der Beziehung schaden, wenn sich Partner angelogen und betrogen fühlen, wenn Versprechen nicht eingehalten werden oder wenn etwas verheimlicht wird. Dann entsteht Misstrauen, ein Gift für jede Partnerschaft.

In vielen Partnerschaften wird wegen Nichtigkeiten gelogen, weil man es vermeiden möchte, sich einer Auseinandersetzung oder der Verantwortung zu stellen. Wenn der Partner dann zufällig von einem verheimlichten Sachverhalt erfährt, ist die „große Krise" oft nicht mehr weit. Auch bei gravierenden Vorfällen, wie z.B. beim Seitensprung, ist es oft nicht der Seitensprung, der das Vertrauen zerstört, sondern es sind die Lügen danach, wie folgendes Beispiel zeigt:

Sabrina, 39:

Mein Mann hat mich jahrelang belogen und betrogen. Per Zufall erfuhr ich von seiner Affäre, die für mich zum Trauma wurde. Ich empfand Wut, Schmerz, Schuld, zerstörtes Vertrauen und litt wie ein Tier. Immer wieder lief in meinem Kopf der quälende Film ab, mir meinen Mann in den Armen einer anderen Frau vorzustellen. Ich trat die Flucht nach vorn an und konfrontierte meinen Mann damit, eine außereheliche Beziehung zu haben. Er bestritt das vehement und schwor beim Leben unseres Sohnes, dass das alles nicht wahr sei. Hätte er zu seinem Fehltritt gestanden, wäre das auch schmerzhaft gewesen, aber sich nach dem Betrügen auch noch durch fortgesetzte Lügen einer Aussprache zu entziehen, ließ in mir die Vertrauensbasis einbrechen. Mit einem solchen Mann, der nicht zu seinem Fehlverhalten steht, konnte ich nicht mehr zusammenleben. Nachdem nichts mehr zu retten war, packte ich meine Sachen und zog aus.

Wie tief und wie hartnäckig der seelische Schmerz ist, wenn der Partner einen Seitensprung begeht, offenbart eine Studie der Universität Göttingen[21]. 3334 betrogene Männer und Frauen beantworteten einen umfangreichen Fragenkatalog des Psychologen Ragnar Beer. Das Ergebnis: Tatsächlich leiden Menschen, die von ihrem Partner betrogen wurden, unter ähnlichen Symptomen wie bei einer posttraumatischen Belastungsstörung (PTB), die etwa durch Misshandlung oder grauenvolle Kriegserlebnisse ausgelöst werden kann. So haben vier von fünf befragten Frauen noch nach sechs Monaten immer wieder die quälenden Einzelheiten vor ihrem inneren Auge gesehen – wie ihr Mann eine andere küsst, sie berührt, verführt. Bei Männern sehen die Zahlen ganz ähnlich aus. Diese Gedanken stellen eine schlimme Belastung dar. Ähnlich wie Vergewaltigungsopfer oder Unfallzeugen durchleben die Betrogenen die Situation immer wieder. Manche leiden sogar ihr Leben lang, können sich nie wieder richtig verlieben.

Die Göttinger Studie zeigt, wie groß das Leid ist, das durch Seitensprünge ausgelöst wird, denn das Vertrauen, das die Basis jeder Partnerschaft ist, wird zerstört: Der Mensch, den man so gut zu kennen glaubte wie sich selbst, hat gelogen, hat gar ein geheimes Doppelleben geführt, vielleicht sogar über Wochen und Monate hinweg. Was kann ich dem anderen nun überhaupt noch glauben – eine Frage, mit der sich viele Betrogene quälen, wenn sie die Wahrheit über den Seitensprung des Partners erfahren. Und weil Betrogene Fremdgängern nicht mehr glauben können, beginnen sie, zu kontrollieren und suchen nach handfesten Beweisen, indem sie Handtaschen oder Sakkotaschen durchwühlen, heimlich E-Mails und SMS lesen und die Anruflisten auf dem Handy des Partners überprüfen.

Eine heimliche Affäre entzieht der Ehe permanent Energie und schwächt diese dadurch immens. Der Betrügende muss stets auf der Hut sein, nicht erwischt zu werden, lügt permanent, muss den Partner zu Hause in Sicherheit wiegen, verändert sein Verhalten, zwar nur subtil, aber für den Partner, der in diesem Punkt besonders feine Antennen besitzt, durchaus spürbar.

Christine, 46:

> Mein Mann bestritt seinen Fehltritt und drehte den Spieß um, indem er mich einer krankhaften Wahrnehmungsstörung bezichtigte. Ich sei paranoid und bilde mir etwas ein. Seine Strategie bestand darin, mich zu verunsichern, statt zu seinem Fehltritt zu stehen. Ich registrierte seine Absicht durchaus. Statt etwas zuzugeben und zu klären, machte er mich immer misstrauischer, was dazu führte, dass ich immer wieder nachhakte. Das war der Anfang eines Teufelskreises aus Lügen und Verwicklungen und der Anfang vom Ende.

Wenn eine Affäre entdeckt und/oder eingestanden wird, reißt es dem Betrogenen den Boden unter den Füßen weg. Die Untreue des Partners zählt zu den schlimmsten Ereignissen, die eine Partnerschaft treffen können.

Ein Seitensprung wird deshalb von vielen Menschen als eine Katastrophe erlebt, weil für sie in Sekunden eine Welt zusammenbricht. Sie sind 25 Jahre mit jemandem zusammen, da haben Sie ein Bild von dem Anderen, sind vielleicht überzeugt: Er wird mich nie betrügen, er steht zu mir, er ist absolut ehrlich. Und dann erfahren Sie, dass dieser Mensch Sie eben doch belogen und betrogen hat. Es geht auch nicht nur um die sexuelle Intimität, sondern vor allem wird die emotionale Exklusivität in Frage gestellt.

Untreue ist vor allem emotionaler Betrug. Wie man ihn als Opfer verkraftet, hängt auch davon ab, ob man möglicherweise schon eine Ahnung hatte oder ob einen diese Offenbarung aus heiterem Himmel, ohne Vorwarnung, trifft. Ganz besonders übel empfindet es der betrogene Partner, von anderen „aufgeklärt" zu werden: „Sagen Sie mal, pflegen Sie eigentlich eine offene Beziehung?" oder „Wie finden Sie das denn, dass Ihr Mann jetzt noch mal Vater wird?" Es ist doch klar, dass das dann erst recht als Trauma erlebt wird. Hinzu kommen noch besonders verletzende Umstände des Treuebruchs, etwa, wenn dieser im Ehebett stattgefunden hat.

Der Erfolgsroman von Anita Lenz, „Wer liebt, hat Recht"[22], in dessen Verfilmung Iris Berben die betrogene Ehefrau eines Tübinger Professors spielt, wurde im ZDF ausgestrahlt. In dieser Geschichte beschreibt die Autorin, wie ihre eigene Ehe zerbricht. Das Paar führt über viele Jahre eine Wochenendbeziehung. Sie lebt als Journalistin in einer Berliner Altstadtwohnung, ihr Mann lehrt in Tübingen, pendelt aber regelmäßig von Tübingen nach Berlin. 28 Jahre geht das gut, dann entdeckt die mittlerweile 55-jährige Ehefrau, dass ihr Mann nicht nur eine Geliebte hat, sondern auch noch ein Kind mit dieser anderen Frau.

Anita Lenz, die vom Ehebruch ihres Mannes betroffene Autorin, schrieb sich in ihrem Roman ihren Zorn, ihre Angst, ihre Eifersucht, aber auch ihre Hilflosigkeit vom Herzen und traf offensichtlich den Nerv vieler Leserinnen. Der autobiografische Roman führte Anfang des Jahres 2002 die Bestsellerlisten an. Iris Berben war von dem Buch „Wer liebt, hat recht", so begeistert, dass sie die Filmrechte erwarb.

Viele Betrogene wollen es zunächst nicht wahrhaben, nichts spüren, lieber verdrängen, um keine Konsequenzen ziehen zu müssen. Sie hoffen, dass die Sache vorübergehen möge wie ein Husten oder Schnupfen.

Viele Betrogene ahnen etwas und diese Ahnungen sind Angst auslösend. Viele Betrogene umgeben sich mit einem Schutzwall aus trügerischer Sicherheit. Sie resultiert aus der Angst, dass mit der Wahrheit alles aufbrechen könnte, vielleicht sogar aus sein könnte. Man zweifelt an der eigenen Selbstwahrnehmung, nimmt zwar die Zeichen eines Betruges zur Kenntnis und denkt, verrückt zu sein oder sich etwas einzubilden. Man möchte dem Partner weiter vertrauen, aber man registriert, dass er sich so merkwürdig verhält. Man möchte nicht von einem Tag auf den anderen alle Maßstäbe verlieren, die sich über Jahre als tauglich erwiesen.

Betrogene erleben einen Betrug immer als Angriff auf ihr Selbstwertgefühl. Der sexuelle Betrug wird als eine tiefe Kränkung empfunden, eine Kränkung am eigenen Leib. Die Fantasien des Betrogenen werden unerträglich. Man vergleicht sich mit der „Dritten im Bunde", die schöner, jünger und erotischer sein muss. Hinzu kommt für Betrogene das Problem der Geheimhaltung, denn wer möchte schon, dass der eigene Name im Zusammenhang mit einem Seitensprung oder einer Affäre fällt? Betrogene wissen darüber hinaus, dass ein sexueller Betrug einem Bündnis entspricht, aus dem sie ausgeschlossen sind. Die meisten Opfer eines Seitensprungs werden aufgrund des Vertrauensbruchs ihren Partnern gegenüber besonders misstrauisch und wachsam.

Als weitere Folge eines Seitensprungs treten bei den Betrogenen häufig Depressionen auf. Die Opfer empfinden Trauer und Demütigung. Sie sind lustlos, fühlen sich ohnmächtig und wissen oft nicht, wie ihr Leben weitergehen soll. Hinzu kommen auch Konzentrationsschwierigkeiten, Alpträume und Schlafstörungen, Gefühlsarmut, Desinteresse, Wut. Ein Seitensprung löst Verunsicherung und Verwirrung bei den Betrogenen aus. Sie wissen die Untreue nicht einzuordnen. Die ganze Beziehung wird in Frage gestellt. Die Gefühle zum Partner schwanken. Und immer wieder stellt sich der Betrogene die Frage: Wie konnte mein Partner mich so hintergehen? Gedanken und Bilder quälen die Betrogenen noch Jahre später. Viele meiden Orte und Personen, die sie mit dem Seitensprung in Verbindung bringen.

Ein Blick in Internet-Foren, in denen sich Betrogene austauschen, zeigt, dass es leichter gesagt als getan ist, dem „Fremdgänger" zu verzeihen. Die Opfer eines Seitensprungs berichten, dass sie sich innerlich leer und wie tot fühlen. Viele wollen ihrem Partner verzeihen, können jedoch nicht. Immer wieder stellen sie sich den Partner mit der anderen Frau bzw. dem anderen Mann vor. Das Vertrauen ist zerstört und muss wieder neu aufgebaut werden. Nicht wenige begeben sich, nachdem sie vom Seitensprung ihres Partners erfahren haben, in therapeutische Behandlung. Entweder sind es Einzeltherapien oder gemeinsame Paartherapien mit dem untreuen Partner. Viele wünschen sich, alles könnte so sein wie früher. Doch genau das geht nicht. Es ist ein tiefer Riss entstanden. Manchmal lässt er sich kitten, manchmal jedoch entwickelt er sich zu einer unüberwindbaren Kluft.

Die Beziehung nach einem Seitensprung, wird nicht mehr die gleiche sein wie vor dem Seitensprung. Der Weg zur „Normalität" in der Partnerschaft kann sehr lang und anstrengend werden mit Tränen, Vorwürfen, Momenten von Verzweiflung und Wut. Fest steht, dass nach einem Treuebruch ein Schatten über der Beziehung liegt. Die Liebe ist nicht mehr unberührt, die Unbeschwertheit verflogen. Für den Partner die Hand ins Feuer legen würden nur noch die wenigsten. Es werden häufig keine weit in die Zukunft greifenden Pläne mehr geschmiedet. Man lässt mehr auf sich zukommen. Häufig argumentiert man damit, dass die Zeit alle Wunden heile. Trotzdem aber bleiben hässliche Narben zurück, die an das Vergangene erinnern. Sie rufen Bilder hervor, die sich immer wieder vor das geistige Auge drängen und erneut Schmerz, Unverständnis, Trauer und Wut aufkommen lassen.

Welche Langzeitwirkung ein Treuebruch hat, zeigt folgendes Beispiel:

Bianca, 32:

Mit 32 Jahren stehe ich nun da und weiß nicht mehr weiter. Ich bin mit meinem Mann (Jugendliebe) seit 16 Jahren zusammen. Seit 10 Jahren sind wir verheiratet. Wir haben zwei Kinder, sechs und neun Jahre. Ich glaubte immer, eine Traumehe zu führen. Wir verstehen uns sehr gut auf fast allen Ebenen. Vor vier Wochen musste ich leider feststellen, dass nur ich in dieser Fantasiewelt lebte, denn ich fand heraus, dass mein Mann mich betrügt. Das ist unfassbar für mich, denn ich hätte für meinen Mann jederzeit die Hand ins Feuer gelegt. Mein Mann, der mich vergötterte und nach all diesen Jahren noch liebte. Doch die Wahrheit sah anders aus. Er hatte eine Affäre mit einer 20-Jährigen. Für mich stand immer fest, wenn er mich mal betrügen würde, wäre ich weg. Doch ich reagierte ganz anders. Ich kämpfte gegen diese junge Frau. Letztlich wollte ich meinen Mann dazu bringen, sich von mir zu trennen. Das hat er nicht getan. Er ist nach wie vor noch da. Und so, wie er es erzählt, bereut er die ganze Geschichte, doch ich glaube ihm nichts mehr, wie sollte ich auch? Er erzählt, er hätte Depressionen bekommen und hätte in seinem Leben den richtigen Weg verloren. Dann kam sie und gab ihm das, was ihm in unserer Ehe fehlte. Sie himmelte ihn an und fand ihn toll, wie man halt so mit 20 ist. Er ließ sich darauf ein, und verlor für eine zeitlang sogar die Orientierung. Manchmal weint er, weil es ihm wehtut, dass er mir das angetan hat. Seitdem trägt er mich auf den Händen und liest mir jeden Wunsch von den Augen ab.

Was mich jedoch verletzt, sind die ganzen Lügen, die im Nachhinein so langsam rauskommen. Z.B. hat er sich nicht von ihr damals getrennt, als er mir es vorgelogen hat. Er meinte zwar, es machte auf einmal klick, er wusste, dass er mich nicht verlieren wollte und wo er hingehörte. Doch als der Alltag kam, konnte er auch nicht auf das aufregende Abenteuer verzichten. Den Schlussstrich hat am Ende seine Geliebte gezogen, weil sie angeblich fühlte, dass er sich von mir nicht trennen würde und sie das nicht mehr aushalten konnte. Ich weiß nicht, wie es weitergehen soll, einerseits möchte ich ihn spüren lassen, was es für Schmerzen sind, und auch sie möchte ich mir noch vornehmen, ich weiß nur nicht wie. Das andere Problem: Ich glaube ihm nichts mehr, nicht seine Beteuerungen, dass es ihm leid tut, nicht seiner Liebe, eben gar nichts. Wie soll es weitergehen? Manchmal geht es mir gut und ich verdränge einfach alles und habe super Laune. Und dann kommen die Tage, an denen alles wieder ausbricht: Schmerz, Trauer, Wut und Hass. Dann lasse ich mich gehen und lasse es ihn deutlich spüren. Wie schaffe ich es, den Treuebruch meines Mannes zu überwinden? Und – lohnt es sich? Ist es nicht so, wer einmal fremdgeht tut es immer wieder? Ich möchte diese Schmerzen nicht noch einmal erleben!

Ein Treuebruch kann wie ein Trauma wirken. Menschen, die etwas Schreckliches erleben, können sich hinterher nicht mehr an alles erinnern. Das liegt daran, dass das Gehirn im Moment des Schreckens von einer Flut von Informationen überrollt wird, die es nicht alle verarbeiten kann, und deshalb nur einen Ausschnitt im Gedächtnis speichert. Wenn die traumatisierten Menschen durch etwas an ihr Erlebnis erinnert werden, haben sie nur und immer wieder diese wenigen Bilder vor Augen. Und alle Gefühle wie Angst, Schrecken und Wut kommen wieder hoch. Wie funktioniert das beim Seitensprung? Der Partner speichert in seinem Gedächtnis den Moment ab, in dem er davon erfahren hat, nicht aber die Entschuldigung oder sogar den Liebesbeweis, der unmittelbar folgte. Wird das Gedächtnis aktiviert, reagiert er panisch, aggressiv, wütend, verletzt, genau wie damals, obwohl es zwischendurch schon viele gute Tage oder vielleicht sogar Jahre gegeben hat.

Wie geht es nach dem Seitensprung weiter? Eine Ehe ist ein Lebensprojekt, der Ehepartner ein Lebenspartner. Auch deshalb wiegt der Vertrauensbruch so schwer. Wer die Beziehung retten will, braucht vor allem eins: viel Geduld – und den Willen, gemeinsam an sich und der Beziehung zu arbeiten, denn bevor ein Paar die eigentlichen Probleme in seiner Beziehung angehen kann, muss zuerst das Vertrauen wieder aufgebaut werden, müssen die Betroffenen lernen, mit den verletzten Gefühlen umzugehen. Untreue muss kein Sargnagel für die Ehe sein.

In dem Buch von Heike-Ulrike Wendt „Du hast mich betrogen: Frauen erzählen von Liebe, Betrug und Verrat"[23] berichten Frauen darüber, wie sie immer wieder betrogen wurden und – warum sie das hinnahmen. Es kristallisiert sich heraus, dass Frauen mit dem Partner, den sie lieben, zusammenbleiben wollen. In der Tat: Wer möchte nicht, dass die Kinder sich geborgen fühlen, dass die Familie intakt ist, dass Lebensträume und -ziele wahr werden? „Frau" will den Mann als Vater ihrer Kinder, denn Kinder leiden bei einer Trennung ja am meisten. Sie fühlen sich sogar schuldig am Riss in der Familie, am Bruch in ihrem Leben.

Die Berliner Journalistin Heike-Ulrike Wendt hat 21 betrogene Frauen zwischen 23 und 58 Jahren nach ihrer Geschichte gefragt. Das Ergebnis der Recherche: Alle interviewten Frauen haben an die große Liebe geglaubt, und dass ihnen so etwas niemals passieren würde: verlassen zu werden. Doch eines Tages standen sie wie vom Donner gerührt vor den Trümmern ihrer Beziehung. Es wird deutlich, wie sie erst liebten, dann wegsahen und immer noch hofften, als gar nichts mehr ging. Sie haben gekämpft um ihre Männer, um ihre Familie, um die Nestwärme für ihre Kinder. Es gibt in diesen Geschichten kein Happy End, aber manch bitteres Fazit.[24]

Anscheinend ist das größte Problem in allen Langzeit-Beziehungen die Sexualität. Männern wird Sex mit derselben Frau oft langweilig, sie wollen erobern und bestätigt werden. Am Ende bleibt die Frage offen, warum Frauen es sich gefallen lassen, betrogen zu werden. Der Mann geht fremd – und seine Frau duldet, sieht weg, macht sich Hoffnungen, kämpft, versucht die Rivalin zu stellen – aber sie bleibt bei ihm. Heike-Ulrike Wendt meint, dass Frauen auch keine Lämmer seien, aber so gut wie nie für eine Affäre ihr Glück aufs Spiel setzen würden.

Für denjenigen, der betrogen wird, ist es immer eine Katastrophe. Vielleicht neigt der Betrogene wegen seiner tiefen Verletzung dazu, die Beziehung abrupt abzubrechen: Hat der Partner versagt, muss er weg, Ende. Schließlich hat man genug Stress und braucht nicht auch noch Demütigungen. Trotz des Verständnisses für die verletzten Gefühle eines Betrogenen sehe ich in dieser radikalen Haltung ein Problem: Soll man alle Betrüger in einen Topf werfen? Wer im kurzfristigen Rausch untreu wird, kann eine echte Chance haben, wenn er sich damit und mit seiner Ehe auseinandersetzt. Betrogene können grundsätzlich wieder Vertrauen aufbauen.

Ich finde, die Mühe lohnt sich. Ich habe in meiner Beratung und in meinen Seminaren viele frustrierte, einsame Singles, die sich wünschen, sie hätten sich ein bisschen mehr umeinander bemüht, Beziehungsarbeit zu leisten und dem „Gefallenen" und sich selbst eine Chance gegeben.

Um zu einer ausgewogenen Betrachtung zu kommen, ist festzustellen, dass die meisten in diesem Kapitel gemachten Aussagen sich auf die Leiden betrogener Ehefrauen beziehen. Das liegt darin begründet, dass ich durch meine Beratungen und Seminare eher Zugang zu Frauen habe, die sich outen und zu entlasten versuchen. Betrogene Männer neigen eher dazu, Belastendes mit sich selbst auszumachen. Dass auch Männer von ihren Frauen betrogen werden, das zeigt folgendes Beispiel:

René, 41:

Ich bin mit meiner Frau seit 12 Jahren zusammen und davon sechs Jahre verheiratet. Wir haben einen fünf Jahre alten Sohn und eine zwei Jahre alte Tochter. Unser Zusammensein verlief in diesen Jahren sehr harmonisch. Vor knapp zwei Jahren entschlossen wir uns, ein Eigenheim zu bauen. Da ich selbst intensiv am Hausbau beteiligt war, gab es in diesem Zeitraum sehr wenig „Eheleben". Dennoch bemerkte ich, dass meine Frau sich in dieser Zeit stark veränderte. Sie nahm 15 Kilo ab, legte sich eine neue Frisur zu, kleidete sich neu ein und war fast an allen Wochenenden unterwegs. Dies erweckte in mir ein neues Interesse an meiner Frau. Ich bemerkte, dass ich unsere Beziehung im Laufe der Jahre vernachlässigt hatte und versuchte, das zu ändern. Meine Frau war über mein plötzliches Verhalten überrascht, signalisierte mir aber, dass sie sich damit abgefunden habe und man nichts ändern müsste. Diese Aussage machte mich sehr nachdenklich, da ich wusste, dass wir es versäumt hatten, unsere Ehe interessant zu halten, jedoch gab sie mir das Gefühl, nichts daran ändern zu müssen. Ich wurde misstrauisch, beobachtete sie intensiver und fing dann sogar an zu spionieren. Sie war ständig unterwegs, begeisterte sich plötzlich für ganz andere Musik. Ich fand Bücher mit dem Titel „Dirty Talking" und „Ich habe einen Liebhaber". Das war der Moment, an dem ich sie zur Rede stellte. Nach langem Hin und Her beichtete sie mir einen „One-Night-Stand". Es enttäuschte mich sehr, aber ich verstand auch ihre Seite. Kinder, Hausarbeit und der Stress mit dem Hausbau hatten sie bewogen, aus dem Alltagsstress auszubrechen ... Ein Neuanfang musste her! Der kam aber nicht richtig zustande, da meine Frau sich nicht von ihrem nächtlichen Vergnügen trennen wollte. Ich spionierte weiter und fand heraus, dass sie eine Affäre mit ihrem Chef hatte. Als ich sie damit konfrontierte, zeigte sie keine Spur der Reue! Ich bin fix und fertig und weiß nicht mehr, was ich machen soll. Einerseits kann ich verstehen, dass ihr jahrelang etwas gefehlt hat und sie sich das außerhalb der Ehe gesucht hat, andererseits finde ich es traurig, dass sie mir keine Chance gibt und nichts verändern möchte. Was soll ich tun?

Im Beispiel René handelt es sich um emotionale Vernachlässigung. Irgendwann hat Renés Frau sich Anerkennung und Erfüllung woanders gesucht und gefunden. Das Problem besteht nun darin, dass sie ihren Mann weiterhin betrügt, obwohl der seine Fehler erkennt und sie wieder gutmachen will. René fühlt sich zurückgewiesen, weil seine Frau ihm sagt, für sie müsse sich nichts ändern und es verletzt ihn, dass sie sich unbeeindruckt von seinen Versuchen zeigt, die Ehe zu retten. Stattdessen genießt sie ihre „neu gewonnen Freiheiten" und kümmert sich nicht darum, ob ihr Mann durch ihr Verhalten verletzt wird.

Eine Lösung der Situation könnte darin bestehen, gemeinsam oder unter professioneller Anleitung zu klären, was beide miteinander verbindet, wie viel Substanz noch vorhanden ist und wie beide sich die Entwicklung ihrer Ehe vorstellen. Gehen die Ansichten extrem auseinander und sind keine Kompromisse möglich, ist eine vorläufige Trennung unausweichlich, weil Dauerverletzungen durch Ignoranz oder Zurückweisung krank machen.

Wenn eine Trennung auf Zeit nicht dazu genutzt wird, die Ehe zu begraben, sondern ihr eine neue Chance zu geben, kann eine Phase der Distanz hilfreich sein.

Manipulationen

In dem Kapitel über verbale Gewalt sind Formen seelischer Gewalt beschrieben worden, deren Gründe in einem Machtstreben des einen Partners über den anderen liegen. Unverblümt ist das Machtstreben zu erkennen, wenn ein Partner den anderen kontrolliert und zu beherrschen versucht. Hierzu werden die vielfältigsten Methoden der Manipulation eingesetzt. Der Kreativität der Täter scheinen keine Grenzen gesetzt zu sein:

• Es werden Rechte beschnitten, Bedürfnisse und Wünsche missachtet, z. B. erhält die Partnerin keine Kontovollmacht, und muss ihre Ausgaben bis auf den Cent rechtfertigen.

• Der Partner wird emotional erpresst oder eingeschüchtert, Es fallen Sätze wie: „Wenn du mich liebst, dann machst du das und das ..." und „Ich nehme dir die Kinder weg, wenn du gehst!"

• Dem Partner wird ein schlechtes Gewissen gemacht, z. B. dass man seinetwegen auf etwas verzichten muss: „Wenn du mir nicht beim Haushalt hilfst, muss ich eben auf meine Sauna verzichten und alles selbst machen."

• Dem Partner wird vor Augen geführt, dass man mehr für die Beziehung tut als er: „Ich mache alles für dich, du aber lässt dich wie ein Pascha nur bedienen."

• Dem Partner werden immer wieder Sünden der Vergangenheit vorgeworfen: „Weißt du noch, damals ... Das kann ich dir nie verzeihen."

Es gibt Menschen, die täglich in dieser oder ähnlicher Weise bevormundet, unterdrückt und emotional manipuliert werden, sich dagegen aber nicht wehren können.

Bei „emotionaler Erpressung" hat es der Täter nicht auf eine empfindliche Geldforderung abgesehen, sondern auf die Empfindsamkeit und das Gewissen seines Gegenübers. Mit Schuldgefühlen wird das Gewissen manipuliert. In jedem Fall will der „Erpresser" die Spielregeln in der Partnerschaft oder im Familienleben bestimmen. Ob dies bewusst oder unbewusst geschieht, das Ergebnis ist dasselbe: Kommt er nicht zum Zuge, werden seine Mitspieler abgestraft. Das geschieht durch Liebesentzug mit gezielten Drohungen wie „Dann verlasse ich dich", durch schulmeisterlichen Tadel wie „Du bist wie deine Mutter!" oder durch permanentes Schweigen, Ignorieren und demonstratives Leiden. Letzteres ist eine der perfidesten Arten emotionaler Erpressung und zerstört auf Dauer jedes gute Gefühl füreinander.

Emotionale Erpressung ist die häufigste Variante der Manipulation. Kennen Sie Dialoge, die so beginnen?
• „Wenn du mich wirklich liebst ..."
• „Du bist die Einzige, die mir helfen kann ..."
• „Wenn du mich verlässt, dann ..."
All diese Aussagen haben eines gemeinsam: Sie sind Teil einer emotionalen Erpressung. Auch wenn „Erpressung" negativ gefärbt ist, beschreibt das Wort perfekt einen Mechanismus, der zwischen Menschen jeden Tag greift.

Je „intensiver" die Beziehung zwischen den Beteiligten ist, desto besser funktioniert emotionale Erpressung. Der Erpresser setzt sein Opfer unter Druck und droht mit Bestrafung, wenn es nicht das tut, was er will. Dabei kann es um den Missbrauch intimer Geheimnisse gehen oder auch um den Entzug von Liebe und Anerkennung.

Der Erpresser kennt die Ängste, Pflicht- und Schuldgefühle seines Opfers sehr genau, und missbraucht dieses Wissen, um seine Forderungen durchzusetzen. Als Opfer eignen sich besonders Menschen, die Angst davor haben, verlassen zu werden, die unter starken Schuldgefühlen leiden und die ein ausgeprägtes Pflichtbewusstsein haben. Deshalb darf auch die Rolle des sogenannten „Opfers" nicht außer Acht gelassen werden. Es ist wichtig, die eigenen Anteile zu erkennen, die dazu beitragen, sich in eine Opferrolle zu begeben. Nur dann kann sich ein „Opfer" aus dieser Rolle befreien.

Nur ist emotionale Erpressung nicht immer auf Anhieb zu erkennen. Drohungen, wie „wenn du die Scheidung einreichst, siehst du die Kinder nie wieder", lassen an Deutlichkeit nichts zu wünschen übrig. Genauso stark ist aber die Drohung, sich selbst zu bestrafen: „Wenn du mich verlässt, bringe ich mich um."

Selbstbestrafung ist ein Relikt aus der kindlichen Entwicklung ... „Meine Mutter wird schon sehen, was sie davon hat, wenn ich mich erkälte." Ein Erwachsener droht zum Beispiel, krank zu werden oder sogar damit, sich selbst etwas anzutun, wenn das Opfer nicht tut, was er will. „Wenn ich mich deinetwegen aufregen muss, bekomme ich einen neuen Krankheitsschub und du bist schuld."

Häufig verläuft eine emotionale Erpressung subtil und ist anfangs nur schwer zu durchschauen. Da gibt es zum Beispiel den „Verführer" unter den Erpressern. Er ermutigt sein Opfer und verspricht ihm Zuneigung, materielle Dinge oder auch bessere berufliche Chancen. Selten werden diese Versprechungen verwirklicht. Das Verlangen danach kann aber so groß sein, dass die emotionale Erpressung lange unbemerkt bleibt. Manch einer hat gehofft und geharrt, für Wohlverhalten als Erbe eingesetzt zu werden und musste am Ende feststellen, dass er leer ausgegangen ist. Das zeigt wiederum, dass hier sich das „Opfer" auch selbst in eine Abhängigkeit begeben hat. Es hat sich dadurch gewissermaßen selbst zum Opfer gemacht. Um sich davon zu befreien, besteht der erste Schritt darin, sich dies klar zu machen.

Manchmal äußert sich eine emotionale Erpressung auch in einer passiv-aggressiven Art. Dazu gehört beispielsweise, bei Konflikten zu schmollen und schweigend wütend zu sein. Der Erpresser zieht sich damit hinter einer uneinnehmbaren Mauer zurück und überträgt die gesamte Verantwortung für den Konflikt auf den Erpressten. Diese Situation ist für jeden Menschen schwer zu ertragen. Um die Spannung nicht aushalten zu müssen, ist es oft nur eine Frage der Zeit, bis der Erpresste nachgibt.

Emotionale Erpressung wird eingesetzt, um eigene Interessen durchzusetzen. Man erzeugt beim anderen Schuldgefühle, durch die er unter Druck gesetzt wird. Wie bei Karin und Jens können dies direkte Vorwürfe und Schuldzuweisungen sein. Nicht selten wird sogar mit Selbstmord gedroht: „Wenn du mich verlässt, bringe ich mich um."

Häufig spielt derjenige, der den Partner manipulieren will, den Leidenden. Dies passiert auch nonverbal, durch gequälte Blicke, Stöhnen oder Schmollen. Jemandem ein schlechtes Gewissen zu machen, ist eine Form der Manipulation, die wir oft schon in der Kindheit erfahren haben. Vorwürfe unserer Eltern, wie die folgenden, sind vermutlich den meisten von uns bekannt:
- „Von dir hätte ich das am allerwenigsten erwartet."
- „Deinetwegen habe ich auf alles verzichtet."
- „Du bist unfair mir gegenüber."
- „Du bringst mich noch ins Grab, wenn du so weitermachst."

Ohne uns dessen bewusst zu sein, wenden wir diese erfahrenen und damit gelernten Strategien später auf unsere Partner an.

Alle Menschen haben im Laufe ihres Lebens gelegentlich mit Manipulationen zu kämpfen. Ob sie sich deswegen zum Opfer machen lassen, hängt von ihrem Selbstwertgefühl ab. Über wenig Selbstachtung verfügt in der Regel:
- Wer Selbstwertgefühl und Selbstsicherheit von der Anerkennung anderer abhängig macht.

• Wer aus Angst vor Aggression jeder Auseinandersetzung aus dem Weg geht.

• Wer jedes Problem zu seiner persönlichen Angelegenheit macht.

• Wer zu viel Mitleid mit anderen empfindet.

Ein selbstbewusster Mensch zieht dort eine Grenze, wo die Verantwortung für andere anfängt und achtet eigene Bedürfnisse ebenso wie die von anderen Menschen.

Sich wehren – keine Manipulation

Manipulation ist seelische Gewalt und verhindert eine Partnerschaft auf Augenhöhe. Der beste Schutz heißt: „Wehret den Anfängen!" Alle, die in einer Partnerschaft leben, manipulieren ihre Partner häufig unbewusst und natürlich werden Sie auch täglich manipuliert. Manchmal merken Sie es sofort, manchmal später oder gar nicht. Es gibt alltägliche Manipulationsspielchen der harmlosen Art und bösartige und intrigante Strategien, die man zunächst durchschauen muss, um sich vor ihnen schützen zu können.

Eine Partnerschaft lebt von Liebe, Wertschätzung, gegenseitiger Achtung und Freiwilligkeit. Man kann sich vieles vom Partner wünschen, aber man kann es weder fordern, noch erpressen.

Kein Partner ist allein für die Gefühle des anderen verantwortlich, auch dafür nicht, dass der Partner evtl. „sauer" ist. Seien Sie standhaft und halten Sie es aus. Auf keinen Fall sollten Sie etwas tun oder lassen, nur weil „er" oder „sie" beleidigt ist und Sie den anderen wieder gnädig stimmen möchten.

Wenn Sie erkennen, dass die Frustration oder Verstimmung als regelmäßiger Hebel eingesetzt wird, sie zu etwas zu zwingen, das sie freiwillig nie tun würden, sollten Sie das nicht zulassen. Unterwerfen Sie sich nicht den Herrschafts- oder Machtgelüsten des Partners, der über Manipulation die Kontrolle über Sie behalten möchte. Zeigen Sie, dass Sie ein Mensch mit eigenem Willen und eigenen Vorstellungen sind, der sich nicht manipulieren lässt. Notfalls einigen Sie sich auf einen Kompromiss.

Lassen Sie sich kein schlechtes Gewissen und nicht für alles verantwortlich machen, was irgendwie schief läuft. In Beziehungen tragen zwei Menschen Verantwortung für die Qualität ihrer Beziehung.

Wenn Sie Ihren Partner zu etwas bewegen wollen, dann versuchen Sie es auf die sanfte Tour mit Lob und Anerkennung, statt mit Kritik und Grundsatzdebatten und „verjährten Sündenregistern".

Ein wichtiges Kriterium zur Vermeidung von Manipulation besteht darin, keine totale Abhängigkeit zuzulassen. Partnerschaften sollten ein beiderseitiges Geben und Nehmen darstellen. Nur dann ist es strukturell möglich, Gefühlsmanipulationen zu verhindern. Wer als Betroffener diese heikle Situation rechtzeitig erkennt, hat gute Chancen erfolgreich dagegen zu steuern. Behilflich können dabei unter anderem professionelle Familienberatungsstellen sein.

Die emotionale Abhängigkeit

In den vorangegangenen Kapiteln habe ich die vielfältigen Formen seelischer Gewalt in destruktiven Paarbeziehungen geschildert. Es stellt sich nun die Frage, warum diese krankmachenden Beziehungskonstellationen oft sehr lange aufrechterhalten werden. Auch für Außenstehende ist dieses Verhalten der Partner unverständlich. Auf die Klagen einer unglücklichen Ehefrau reagieren Familienmitglieder, z. B. Eltern und Geschwister und selbst beste Freundinnen mit ungebetenen Ratschlägen und Vorwürfen:

„Warum lässt du dir das überhaupt gefallen, warum trennst du dich nicht?" – „Ihr passt einfach nicht zusammen ..." – „Das haben wir immer schon geahnt und dir deshalb davon abgeraten, diesen Typen zu heiraten" – „Du bist doch sonst so tüchtig, warum lässt du dich so entwürdigen und unterdrücken?" – „Dir hätte ich mehr Durchsetzungsvermögen zugetraut."

Solche „Ratschläge" helfen natürlich nicht. Statt von anderen in Frage gestellt zu werden, wäre Verständnis gut. Da dieses nicht kommt, wird geschwiegen, „das Problem" für sich behalten. Abgesehen davon setzen besserwisserische Kommentare unter Druck, etwas tun zu müssen.

Auch der Täter müsste sich fragen, warum er mit einem Menschen zusammen ist, der seine Erwartungen offenbar nicht oder nicht mehr erfüllt und gegen den er deshalb seelische Gewalt ausübt. Wichtig wäre hier auch, diese Erwartungen zu reflektieren. Manchmal entwickeln sich Partner in unterschiedliche Richtungen. Das bedeutet nicht zwangsläufig, dass sie nicht mehr zueinander passen. Sie müssen sich darüber austauschen, sich neu entdecken. Ihren Blickwinkel mehr auf das Positive in ihrem Partner richten statt auf das Negative. Stattdessen wird eine destruktive Beziehung aufrechterhalten. Dies lässt sich nur durch eine wechselseitige emotionale Abhängigkeit von Täter und Opfer erklären. Ein Kennzeichen der emotionalen Abhängigkeit ist eine Art Suchtverhalten, eine Sucht nach Anerkennung und Zuneigung durch den Partner.

Brigitte, 54:

Ich habe jahrelange leidvolle Erfahrungen damit, dass Liebe Abhängigkeit schafft. 16 Jahre lebte ich in einer Ehe, die mich unglücklich und krank gemacht hat. Zehn Jahre war ich nach der Trennung in Therapie, weil ich unter Schlaflosigkeit, Angstzuständen und Panikattacken litt. In der Therapie erfuhr ich, dass die seelischen Leiden fast aller Beziehungssüchtigen ihre Ursache haben in einer lieblos geprägten Kindheit. Es dauerte jedoch lange, bis ich mir eingestand, dass meine Krankheitssymptome herrührten von meiner ungesunden Beziehung zu meinem Mann. Ich erkannte, dass ich beziehungssüchtig bin. So wie andere Süchtige nach Alkohol, Essen oder Kauferlebnissen lechzen, so ist mein Denken krankhaft fokussiert auf das Wohlergehen und die Stimmungslage meines Mannes. Das Fatale daran: Je mehr ich um seine Aufmerksamkeit und Zuneigung buhlte, umso mehr zog er sich zurück, wies mich zurück und missachtete mich. Während der Therapie wurde mir bewusst, dass Beziehungssüchtige sich unbewusst Partner aussuchen, die selbst Probleme haben, Gefühle zu zeigen. Die Beziehung basiert dann auf der unrealistischen Hoffnung: „Wenn ich mich nur genug anstrenge und ihm alles recht mache, dann wird er mir seine Liebe auch zeigen." Aber das Gegenteil ist der Fall. Am Misslingen der Beziehung geben sich betroffene Frauen selbst die Schuld und verstärken ihre Anstrengungen, die Stimmung zu Hause aufzuhellen. Auch ich habe das unbewusst so gemacht. Ich bin sogar soweit gegangen, mich auch gegen meinen Willen auf Sex einzulassen, obwohl ich mich eigentlich nur nach Nähe und Streicheleinheiten sehnte. Das hat mein Selbstwertgefühl restlos zerstört.

Kennzeichnend für emotionale Abhängigkeit ist neben dem Suchtverhalten die damit eng verbundene Zwanghaftigkeit. Weder „Opfer" noch „Täter" sind frei in der Wahl, ihre Beziehung aufrechtzuerhalten oder zu beenden. So ist die emotionale Abhängigkeit am deutlichsten an der Verlustangst des Partners zu erkennen:

Ariane, 38:

Ich bin eine von diesen Frauen, über die andere Frauen nur den Kopf schütteln. Ich lasse mich dauernd schlecht von meinem Mann behandeln und wehre mich nicht. Stattdessen klammere ich mich an eine Beziehung, die längst in einer Sackgasse steckt. Mein Leben und Denken orientieren sich ausschließlich an meinem Mann, einzig dessen Wille zählt. Ich bin emotional von ihm abhängig. Mein Mann demütigt mich häufig und ich wehre mich nicht, aus Angst, ihn zu verlieren. Die Spirale nach unten dreht sich weiter und weiter: Selbstachtung und Selbstwertgefühl sinken. Kontakte zu Familie und Freunden nahmen rapide ab, bis ich irgendwann isoliert war. Mein Partner verbot mir jeglichen Kontakt zur Außenwelt. „Du hast ja mich, wen brauchst du da sonst noch?", argumentierte er. Er brach auch den restlichen Kontakt zu den wenigen Freunden ab, die mir noch geblieben waren und gegen deren Warnungen ich längst taub geworden war. Ich begann bei Vorwürfen von außen meinen Mann zu verteidigen und zu rechtfertigen. Ich verleugnete die tatsächliche Situation und redete sie schön, so dass mein Problem nach außen unentdeckt blieb.

In diesem Beispiel kann deutlich beobachtet werden, dass Ariane selbst auch an dieser Beziehungskonstellation beteiligt war, denn sie hat den Übergriff ihres Mannes zugelassen, ihre Kontakte abzubrechen.

Michaela, 43:

Zu sehr lieben bedeutet, sich für einen Menschen bis zur Selbstaufgabe zu verzehren und diese Besessenheit mit Liebe gleichzusetzen. Man erkennt, dass Körper und Seele leiden, aber trotzdem kann man nicht loslassen. Ich weiß, wovon ich rede, denn ich bin eine Betroffene. Ich liebe zu viel, lasse mich sehr schlecht behandeln, kämpfe unendlich, leide unendlich, weiß irgendwie schon, was ich machen muss, komme aber nicht aus dem Trott. Ich falle immer wieder wie auf Knopfdruck in meine alten Muster zurück, kann den Mann nicht loslassen, weine, zittere, habe Panik, will auf keinen Fall die Beziehung gefährden, renne einer Illusion hinterher, es ist schrecklich. Eine Freundin gab mir das Buch zu lesen „Wenn Frauen zu sehr lieben – Die heimliche Sucht, gebraucht zu werden". Der Autor schreibt hier über ein Symptom, das in mehr oder weniger starker Ausprägung sicherlich bei vielen Frauen vorhanden ist: Beziehungssucht, die Abhängigkeit von einem Menschen und die oft schleichenden Auswirkungen auf uns und unser Verhalten. Beim Lesen ist mir bewusst geworden, wie sehr mich mein Mann manipuliert. Er hat mich richtig in der Hand. Erst hat er mich angelockt, mir den Himmel auf Erden bereitet, dann kam plötzlich der Wandel. Ich war zutiefst irritiert und habe versucht, herauszufinden, woran es liegt, dass er so kalt/böse/herzlos geworden ist. Er hat mir die Schuld gegeben. Je mehr er mich attackierte, desto mehr setzte ich mich unter Druck, diesen Mann zu halten und versuchte, ihm alles recht zu machen.

Er hat MS (Multiple Sklerose) und hat mich immer dafür verantwortlich gemacht, wenn er einen Schub bekam. Für ihn war ich schuld, hatte ihm zuviel Stress gemacht. Dabei habe ich ihm jeden Wunsch von den Augen abgelesen, damit es keinen Grund gab, sich zu beklagen. Heute erkenne ich, dass mich mein Mann jahrelang manipuliert und erpresst hat und ich habe mir viel gefallen lassen und seine Launen ertragen, mich beschimpfen, beleidigen und fertigmachen lassen. Ich habe alles erduldet und mich nicht gewehrt, denn ich wollte ja keinen Stress machen. Ich dachte, er müsse doch endlich merken, dass ich es mehr als gut mit ihm meine. Nun bin ich 43 Jahre alt, vollkommen fertig, habe vieles aus meinem Leben vernachlässigt (vor allem mich) und komme immer noch nicht los von diesem Mann. Wo ist nun die Grenze zu ziehen? Ich habe schon so viel darüber nachgedacht, dass ich beinahe schon nicht mehr klar denken kann.

Dieses Beispiel zeigt eine fatale, selbstzerstörerische Co-Abhängigkeit. In diesem Fall fühlt sich Michaela schuldig, wenn sie nicht hilft, auch wenn sie sich dabei womöglich selbst vernachlässigt und zerstört. Michaela hat ein schwieriges Abgrenzungsproblem. Sie ist nicht in der Lage, eigene Bedürfnisse zu erkennen und diese unabhängig von ihrem Partner einzufordern. Auch wenn der Partner krank ist, bedeutet das nicht, dass man sich selbst vollständig aufgeben muss.

Eine besondere Form, der emotionalen Abhängigkeit ist die krankhafte Eifersucht.[25] Eifersucht ist, wie ein Sprichwort sagt, eine Leidenschaft, die mit Eifer sucht, was Leiden schafft. Ein „bisschen" Eifersucht ist sicherlich nicht schädlich, sondern eher die Würze in einer gesunden Partnerbeziehung. Manchmal warnt uns auch ein Gefühl der Eifersucht vor der Untreue des Partners. Gefährlich wird es allerdings, wenn die Eifersucht krankhafte Züge annimmt, wenn sie zu einem Gefühlsgemenge aus Verlustangst, Unsicherheit, Wut und Schmerz wird.

Krankhafte Eifersucht liegt vor, wenn sie völlig unbegründet ist, also wahnhafte Züge annimmt. Der krankhaft Eifersüchtige verdächtigt den Partner ständig der Untreue und versucht ihn durch fortwährende Überwachung an sich zu binden. Es kommt zu Zwangsverhören und immer wiederkehrenden Streitigkeiten. Bittere Vorwürfe, Tränen und wütende Eklats sind die Folge. Schließlich geht es dann soweit, dass der Eifersüchtige spioniert: Post wird durchwühlt, E-Mails werden gelesen, man fährt dem Partner hinterher, auch Kontrollanrufe am oder vom Arbeitsplatz werden getätigt. Persönliche Sachen vom Partner werden untersucht, um Beweisstücke für die Untreue zu finden. Der Eifersüchtige kommt überraschend früher von der Arbeit, um den

Partner mit dem unterstellten Verhältnis in flagranti zu ertappen usw.

Wenn Eifersucht zur Sucht wird, kann eine Partnerschaft zur Qual werden. Der eine fühlt sich hintergangen und betrogen und der andere ungerecht behandelt oder angekettet. Für den Partner eines krankhaft Eifersüchtigen wird das Leben zur Hölle, denn ihm wird Untreue vorgeworfen, selbst wenn er sich absolut nichts vorzuwerfen hat. Krankhafte Eifersucht lähmt und zerstört eine Beziehung früher oder später, denn kein Mensch hält es auf Dauer aus, ständig kontrolliert, ausgefragt und verdächtigt zu werden. In der Regel sind krankhaft eifersüchtige Menschen mit einem geringen Selbstbewusstsein ausgestattet. Sie benötigen die Bestätigung des Partners, von ihm sind sie in hohem Maße emotional abhängig.

Wie destruktiv sich krankhafte Eifersucht auf eine Partnerbeziehung auswirken kann, zeigt folgendes Beispiel:

Johannes, 37:

Ich habe ein großes Problem mit meiner Freundin. Sie ist echt krankhaft eifersüchtig. Ich kann machen, was ich will, sie sieht wirklich überall eine Konkurrentin. Wir streiten uns jedes Mal, wenn wir weggehen, hier ein paar Beispiele: Wir waren letztens auf einem Geburtstag eines unserer Kollegen, und natürlich waren dort auch Frauen anwesend (die wir auch beide kannten) und – wie es so auf einer Party nun mal üblich ist – unterhält man sich auch mal mit diesen Bekannten. Zu Hause wieder angekommen, machte meine Freundin mir heftige Szenen, ich hätte mit einer bestimmten Kollegin geflirtet.

Sie hat echt auf Partys nichts anderes zu tun, als mich

zu „beschatten", wohin ich schaue und mit wem ich mich unterhalte.

Es ist egal, was für eine Zeitschrift ich mir kaufe, sei es Spiegel, Focus oder eine Computerzeitschrift, sie blättert als erstes einmal die Zeitung durch und checkt den Frauenanteil.

Man kann in einen Kinofilm gehen, sie regt sich über jede Kussszene auf. Dann meint sie zur mir, das wären ja alles Nutten.

Das Schlimme ist, dass ich nichts mehr mit ihr unternehmen kann ohne dass sie auf irgendjemanden eifersüchtig ist. Ich weiß echt nicht mehr, was ich tun soll. Ich liebe sie, obwohl sie so eifersüchtig ist, fühle mich aber auf Dauer diesem Druck nicht gewachsen. Ich habe auch schon über Trennung nachgedacht, weil ihre Eifersucht alles zerstört und mir nicht guttut.

Dass es auch möglich ist, einen chronisch Eifersüchtigen zu ertragen, erfuhr ich einmal von einer Seminarteilnehmerin:

Maria, 58:

Mein Mann ist schrecklich eifersüchtig, kontrolliert mich auf Schritt und Tritt – aber dadurch zeigt er mir ja auch, wie wichtig ich ihm bin.

Wenn emotionale Abhängigkeit, speziell krankhafte Eifersucht, Ursache für das Destruktive ein einer Paarbeziehung ist, stellt sich die Frage, ob es Möglichkeiten der Verbesserung der Beziehung gibt. Allgemeingültige Antworten oder Rezepte kann man hier kaum geben.

Den Partner durch Kontrollmaßnahmen an tatsächlicher oder vermuteter Untreue hindern zu wollen ist höchstens dazu geeignet, sich selbst zu quälen und es ist auch nicht sehr hilfreich, das eigene Selbstwertgefühl durch viele oberflächliche Sozialkontakte zu steigern, um den Partner damit ebenfalls eifersüchtig zu machen.

Versuchen Sie nie, den Respekt ihrem Partner gegenüber zu verlieren, auch wenn Angst und Wut sehr groß sind.

Sie sind zwar in der Sache nicht falsch, aber sicher ungeeignet, den Eifersüchtigen von seiner Sucht zu befreien.

Die Wege aus der emotionalen Abhängigkeit wie der krankhaften Eifersucht sind immer individuell und setzen das Erkennen des Problems durch den Eifersüchtigen voraus. Erst dann kann ihn auch der Partner unterstützen, er kann ihm helfen, indem er die Eifersucht ernst nimmt, mit ihm ruhig und offen über das Problem redet und ihn vielleicht sogar zu einer Psychotherapie bewegt. Denn Eifersucht ist heilbar, vorausgesetzt es besteht die Bereitschaft, sich helfen zu lassen. Erst dann kann ihn auch der Partner unterstützen.

Besonders Menschen, die sehr harmoniesüchtig sind, ihre eigenen Wünsche und Bedürfnisse nicht äußern können, Angst vor Verlusten und Trennung haben und großen Wert auf Sicherheit legen, also emotional abhängig sind, neigen zur „inneren Kündigung". Sie halten den Schein aufrecht und kündigen lieber im Stillen, weil ihnen der Mut fehlt, Konsequenzen zu ziehen. In diesen Fällen ist es sinnvoll, sich kompetente Hilfe zu organisieren. Häufig reicht eine ambulante Psychotherapie, manchmal ist aber auch eine stationäre Psychotherapie in einer psychosomatischen Klinik erforderlich. (s. Weiterführende Literatur (5) im Anhang)

Abgewiesen – Stalking

Der Begriff „Stalking" entstand in den 80er Jahren in den USA und meint das andauernde Belästigen, Verfolgen, Beobachten, Terrorisieren und Auflauern einer Person. Stalking bedeutet Psychoterror. Fast 90 Prozent der Täter sind Männer. Wie Jäger stellen Stalker ihrem Opfer nach. Sie lauern vor der Wohnung auf, an der Arbeitsstelle, im Park oder beim Einkauf. Viele Stalker sind Menschen, die zuvor von ihrem Partner oder ihrer Partnerin verlassen wurden und sich dadurch abgewiesen fühlen. Die Facetten der Belästigung sind vielfältig: Ständige Telefonanrufe, Fluten von E-Mails, SMS oder Briefen gehören noch zu den harmlosen „Liebesbeweisen". Oft zieht Stalking auch Auflauern und Verfolgen, Liebesbekundungen oder Drohungen nach sich, die nicht nur belästigen, sondern terrorisieren. Manchmal versuchen Täter über Jahre, Macht und Kontrolle über ihr Opfer auszuüben und die Aufmerksamkeit auf sich zu ziehen. Für die Opfer bedeutet das psychischen Dauerstress, der oft tiefe Spuren hinterlässt.

Stalker ertragen keine Zurückweisung, deshalb handelt es sich bei den meisten auch um verlassene Lebenspartner oder zurückgewiesene Liebhaber, die eine Trennung oder ein Nein nicht akzeptieren können. Nach einer Trennung versucht häufig der Verlassene, die Partnerschaft mit Gewalt zu retten. Zum Stalking und damit zu einem krankhaften Verhalten wird es jedoch erst, wenn trotz eindeutiger Sinnlosigkeit eines derartigen Verhaltens das „Nachhaken" zum Zwang wird und Monate oder gar Jahre andauert.

Stalking ist eine unberechenbare, oft wahnhafte Handlung, bei der sich der Täter als Opfer empfindet. Oft liegt bei „Stalkingtätern" eine Persönlichkeitsstörung vor, weshalb sie auf tatsächliche oder eingebildete Niederlagen oder Zurückweisungen überempfindlich reagieren. Dabei steigert sich die unerfüllte Liebe bis hin zum Wahn. Durch das Nachstellen lebt der Verlassene oder Verschmähte seine als unerträglich empfundene Hilflosigkeit aus. Auf diese Weise wird scheinbar ein Stück Selbstwertgefühl wieder hergestellt. Darüber hinaus kann Stalking zum Lebenssinn werden und möglicherweise von dem eigenen Schmerz ablenken.

Stalking ist eine moderne Form seelischer Gewalt. Seit 2007 ist in unserem Land Stalking ein neuer Straftatbestand (§ 238 StGB). Das Gesetz zum strafrechtlichen Schutz von Stalking-Opfern (Anti-Stalking-Gesetz) trat am 31. März 2007 in Kraft. Es besagt, dass neben dem Aufsuchen der räumlichen Nähe, dem Abpassen vor der Haustür oder am Arbeitsplatz nun auch das Verfolgen mit Telefonaten, E-Mails, SMS oder Briefen geahndet werden kann.[26]

Sebastian, 36:

Ich wurde jahrelang von einer früheren Lebensgefährtin systematisch bis in den Urlaubsort hinein verfolgt. Da diese Verfolgungen praktisch nur Freundlichkeiten beinhalteten, gab es strafrechtlich keine Möglichkeit, mich dagegen zu wehren. Erst eine zivilrechtliche Unterlassungsklage, die es der Stalkerin verbot, in irgendeiner Weise Kontakt zu mir aufzunehmen, beendete nach vielen Jahren mein Martyrium.

Nur wenige Stalkingopfer erhalten Hilfe von Polizei oder Justiz. Viele werden in ihrer Not nicht ernst genommen.

Abgesehen davon ist den Tätern nur schwer beizukommen. Das Gesetz greift erst dann, wenn es bereits zu einer Straftat wie beispielsweise Hausfriedensbruch, Beleidigung oder Körperverletzung gekommen ist. Jeder kann das Opfer von Nachstellungen werden.

Welche extremen Ausmaße blinde Liebe annehmen kann, haben Bert Simon und seine Verlobte erfahren. Die Stalkerin hatte Bert Simons Lebensgefährtin in der Talkshow „Beckmann" gesehen und sich in sie verliebt. Für Bert Simon und seine Lebensgefährtin beginnt eine dreijährige Leidenszeit, das Leben des Paares wird zum Alptraum. Die Täterin zieht schließlich von Bayern nach Hannover. Über drei Jahre hinweg wurde das Paar terrorisiert, mit Anrufen, Mails und SMS bombardiert und erpresst. Im August 2006 versuchte diese Frau ihren vermeintlichen Widersacher zu töten. Dem Mordversuch an Bert Simon gingen insgesamt rund 2500 E-Mails, sowie bis zu 60 Anrufe und rund 20 SMS täglich voraus.

Manuela, 42:

Ich bin ein Stalkingopfer und leide schon seit zwei Jahren unter der Verfolgung. Das Telefon klingelt Tag und Nacht, meine neue Geheimnummer war wieder nur vier Wochen geheim, jetzt hat der Stalker die Nummer und wieder geht der Telefonterror los, mal anonyme Anrufe, mal Beschimpfungen, auch Drohungen und das immer wieder und immer wieder. Meine Post verschwindet aus dem Briefkasten, Briefe kommen geöffnet nach vier Wochen an, besonders beliebt sind Kontounterlagen, Briefe von der Versicherung, Steuererklärungen.

Er droht mir, will mich zurück – er demütigt mich, verfolgt mich bis zur Arbeitsstelle, ruft Kollegen an, streut Falschinformationen, verleumdet mich, lauert mir auf, verunsichert mich, wo er nur kann.

Der Stalker ist mein Ex-Freund, mal bettelt er nach Nähe, will ein Gespräch unter Erwachsenen, zwingt mir Kontakt auf, dann wieder lauert er mir auf, verfolgt mich sogar beim Einkauf. Wenn ich ausgehe, setzt er sich im Restaurant in meine Nähe, im Kino ist er ein paar Reihen hinter mir, grinst und sucht nach einer Reaktion.

Er klebt Zettel mit meiner Telefonnummer an Wände im Flur unseres Mehrfamilienhauses und täuscht meine sexuelle Verfügbarkeit vor. Er hat sogar private Fotos aus intimen Situationen ins Internet gestellt. Jede Menge Anrufer, die mir unbekannt sind, sie wollen Dubioses verkaufen. Mein Ex liebt es, regelmäßig obszöne Botschaften auf meinem Anrufbeantworter zu hinterlassen. In meinem Wohnumfeld hat er erzählt, dass ich Drogen nehme und ich mich prostituiere. Sogar in der Physiotherapie wurde ich während der Massage mit Anzüglichkeiten und Details aus meinem Privatleben bedacht. Nirgendwo habe ich Ruhe, überall verfolgt mich dieser Terror, der bei mir Ess- und Schlafstörungen ausgelöst hat. Ich weiß nicht mehr weiter und habe nur noch Angst.

Die Abwehr von Stalking

Jeder Stalking-Fall ist einzigartig. Dennoch gibt es einige Verhaltensempfehlungen, die für die meisten Fälle Gültigkeit haben.

• Machen Sie dem Täter nur einmal, dafür aber unmissverständlich klar, dass Sie keinen weiteren Kontakt wollen. Vermeiden Sie jeden Kontakt und ignorieren Sie den Stalker, falls er sich nicht daran hält.

• Dokumentieren Sie jede Kontaktaufnahme und sichern Sie Beweise. Das ist wichtig, falls Sie rechtliche Schritte unternehmen wollen.

• Stellen Sie eine Öffentlichkeit her und informieren Sie Ihr privates und berufliches Umfeld darüber, dass Sie gestalkt werden. Öffentlichkeit schützt Sie.

• Steht der Stalker vor der Tür, schreien Sie um Hilfe. Es kann hilfreich sein, Zeugen zu haben.

• Nehmen Sie auf keinen Fall Pakete oder Geschenke des Täters oder mit unbekanntem Absender an.

• Bei unerwünschten Anrufen den Hörer kommentarlos auflegen. Bei wiederholten Anrufen mit einer Trillerpfeife kräftig in den Hörer pfeifen und Geheimnummer beantragen.

• Wenn Sie mit dem Auto verfolgt werden, fahren Sie direkt zur nächsten Polizeidienststelle.

• Wenn Sie bedroht werden, rufen Sie den Polizeinotruf 110.

• Suchen Sie Unterstützung über das Internet (Selbsthilfegruppen) und fachliche Beratung (Therapeut), um Ihre Belastungen abzumildern.

• Beugen Sie weiterer Ausspähung vor. Überlegen Sie, was Sie in den Müll werfen. Persönliche Dinge sollten Sie nicht in Ihrem Müll „entsorgen" (sondern besser verbrennen).

• Prüfen Sie im Vorfeld, ob juristische Maßnahmen für Ihre individuelle Situation sinnvoll sein können.

(s. Weiterführende Literatur (6) im Anhang)

Schwiegermutter und Schwiegertochter

Wenn sich Schwiegermutter und Schwiegertochter gut verstehen, ist das eine große Leistung, wenn man bedenkt, dass es außer der Liebe zu demselben Mann wahrscheinlich nicht allzu viele Gemeinsamkeiten gibt. Sprichwörter aus aller Welt zeigen, dass es doch viele Menschen geben muss, die unter ihren Schwiegermüttern leiden:

„Gut ist es, wenn die Schwiegereltern fern und Wasser und Brennstoff nahe sind." (aus der Mongolei)

„Lobe den Brunnen, in den deine Schwiegermutter gefallen ist, aber schöpfe kein Wasser daraus." (aus Andalusien)

„Eine Schwiegermutter ist bitter, und wäre sie auch aus Zucker." (aus Spanien)

Viele Konflikte resultieren aus mangelhafter Kommunikation, was immer wieder zu Missverständnissen führt. Während die Schwiegertochter unsicher und überempfindlich reagiert und schnell gekränkt ist, hört womöglich die Schwiegermutter bereits bei Andeutungen das Gras wachsen.

Die Schwiegertochter kann nichts gut genug machen, die Schwiegermutter hat ständig das Bedürfnis, sich in die Beziehung einzumischen. Die Schwiegertochter wird auf Distanz gehalten – oft wird nicht einmal das Du angeboten. In extremen Fällen wird eine regelrechte Hetze begonnen, die Schwiegermutter spinnt Intrigen gegen die neue Frau im Leben des Sohnes, um diese zu verdrängen. Auch im Haushalt ist die Schwiegermutter allgegenwärtig, um alles besser zu machen und bei anderen die Leistung der Schwiegertochter schlecht zu machen. Ständige Anrufe und Besuche rauben dem jungen Paar dabei oft den letzten Nerv. Besonders schwierig wird es, wenn das junge Paar Kinder bekommt, denn in der Erziehung kann die Schwiegertochter natürlich auch nichts richtig machen.

Die klassisch heikle Beziehung in einer Familie ist die zwischen Schwiegermutter und Schwiegertochter. Zwar kann das Verhältnis harmonisch sein, aber in vielen Familien ist es schwierig, gespannt, wenn nicht sogar feindselig. Dass solche Beziehungen auch krank machend sein können, wissen wir auch aus den Medien: Die vielen bekannten Sissi-Filme zeigen, wie sehr die junge österreichische Kaiserin unter ihrer Schwiegermutter zu leiden hatte und sogar so schwer erkrankte, dass sie ein ganzes Jahr lang Abstand und Genesung auf der Blumeninsel Madeira suchte. Auch die tödlich verunglückte Prinzessin Diana hatte schwere Konflikte mit ihrer Schwiegermutter, der Queen. Sie erkrankte an Bulimie, was durch die Diana-Biografie[27] belegt ist.

Dass eine destruktive Beziehung zwischen Schwiegermutter und Schwiegertochter kein individuelles, sondern ein generelles Problem ist, kann statistischen Erhebungen entnommen werden: Laut einer Statistik von Familienforschern gaben sieben Prozent der Geschiedenen die Schwiegermutter als Trennungsgrund an.[28]

Während Schwiegersöhne meist gute Beziehungen zur Schwiegermutter unterhalten, sind es in der Mehrheit Frauen, die mit der Mutter ihres Mannes irgendwann „nicht mehr können". Im klassischen Fall ist die Schwiegermutter meist die „Böse", also die „Täterin", und die Schwiegertochter das Opfer.

Unausgesprochene Regeln – die Konfliktlage

Aus der Sicht der Schwiegertochter stellt sich zunächst das Problem der Andersartigkeit des eigenen Familiensystems gegenüber dem der Schwiegereltern dar. Die wenigsten Frauen, die heiraten, realisieren, dass sie sich nicht nur für den Mann fürs Leben und für ein gemeinsames Leben entscheiden, sie heiraten in eine fremde Familie ein und betreten damit „unbekanntes Land", in dem vieles anders ist, als sie es selbst kennengelernt haben. Was es Schwiegertöchtern schwierig macht, sich im Dickicht eines fremden Familiensystems zurechtzufinden, sind die vielen unausgesprochene Regeln, nach denen dort schon immer gelebt wurde und die nie in Frage gestellt wurden. Dazu zählen: Traditionen, verbale und nonverbale Kommunikation und der Umgang miteinander, wobei manche „Macken" oder „Eigenarten" der Familienmitglieder allen bekannt sind und toleriert werden. Hinzu kommt, dass die Schwiegertochter ihre neu gegründete Familie nach den Vorstellungen ihrer Generation führen möchte, damit aber in der Schwiegerfamilie auf Widerstand stößt, denn bekanntlich ist die ältere Generation selten von den Verhaltensweisen und Einstellungen der jüngeren begeistert.

Auch für die Schwiegermutter stellt die Andersartigkeit der Familiensysteme ein Problem dar. Während aber die Schwiegertochter im günstigsten Fall versucht, mit der Andersartigkeit der Familie ihre Mannes zurechtzukommen, verteidigt die Schwiegermutter die in ihrer Familie gültigen Verhaltensregeln, die für sie als die erfahrene Mutter und Ehefrau die einzig richtigen sind. Kommt es dann nicht zu einer Annäherung, verfestigt sich im Bewusstsein der Schwiegermutter das Urteil, die Schwiegertochter passe nicht zu ihrem Sohn.

Sie ist zutiefst davon überzeugt, dass ihr Sohn „etwas Besseres verdient" habe.

Die unterschiedlichen Auffassungen darüber, wie die Schwiegertochter sich zum Wohle des Sohnes und in der Schwiegerfamilie im Allgemeinen verhalten sollte, ist aber nur eine oberflächliche Begründung für die ablehnende Haltung der Schwiegermutter. Die wesentliche Ursache für die Ablehnung der Schwiegertochter durch die Schwiegermutter ist eine tief empfundene, aber meist unbewusste Verlustangst.

Es ist für Schwiegermütter kein schönes Gefühl, von einer jüngeren, attraktiveren Rivalin vom Königinnenthron gestoßen zu werden. Auch die Erkenntnis, nur noch die zweite Geige zu spielen, erschüttert das Selbstbewusstsein der Schwiegermutter und lässt Eifersuchtsgefühle wachsen.

Ihre Schwiegertöchter machen ihnen unbewusst klar, dass ihre Zeit abgelaufen ist, denn wenn Söhne heiraten, sind deren Mütter in einem Alter, in dem sie mit vielen Verlusten umgehen lernen müssen: Sie altern und haben die Wechseljahre zu bewältigen. Ihre alten Eltern werden hilfebedürftig und sterben. Ihre Partner, falls vorhanden, sind beruflich angespannt – und nun verlieren sie auch noch ihren Sohn an eine andere Frau. Sie werden ergriffen von der Angst des Alleinseins.

In diesem Spannungsfeld von Schwiegermutter und Ehefrau befindet sich der Sohn bzw. Ehemann. Er will es eigentlich allen recht machen und gerät dadurch in einen Loyalitätskonflikt. Dabei käme ihm die Aufgabe zu, klar für seine Frau einzutreten und der Mutter Grenzen zu setzen. Er müsste ihr die Stirn bieten und sagen: „Wenn du sie ablehnst, lehnst du auch mich ab."[29] Die Realität sieht oft anders aus: Männer fühlen sich von den gegensätzlichen Ansprüchen von Mutter und Frau völlig überfordert, ihre Ehefrauen fühlen sich dadurch im Stich gelassen.

Nachdem beschrieben wurde, in welchem Spannungsfeld Schwiegermutter, Schwiegertochter und Sohn bzw. Ehemann stehen, geht es nun um die Frage, wann und wodurch diese Beziehungen destruktiven, also krank machenden Charakter annehmen. Die Antwort ergibt sich aus den Formen seelischer Gewalt, die in dem Beziehungsdreieck Schwiegermutter, Schwiegertochter und Sohn bzw. Ehemann zu beobachten sind:

• Die Ablehnung der Schwiegertochter durch die Schwiegermutter mit Hilfe der Manipulation des Sohnes und offener oder getarnter Aggression.

• Die Ablehnung der Schwiegermutter durch die Schwiegertochter mit Hilfe der Manipulation des Ehemannes und Ausgrenzung der Schwiegermutter.

Gut gemeint? –
die Ablehnung der Schwiegertochter

Muttersöhne – die Manipulation des Sohnes

Schon lange, bevor ein Sohn eine Beziehung zu einer Frau eingeht, hat sich zwischen Mutter und Sohn oft eine starke Bindung entwickelt, indem die Mutter ihren Sohn verwöhnt und ihn regelrecht zum Partnerersatz macht. Wenn solche „Muttersöhne" dann selbst eine Liebesbeziehung eingehen, können und wollen sie sich meist nicht dem „gut gemeinten" Einfluss ihrer Mutter entziehen. Und aus der Angst, ihren Sohn zu verlieren, beginnen die Mütter zu „klammern".

Diana, 38:

> Meine Schwiegermutter respektiert nicht, dass wir eine eigenständige Familie sind. Wenn wir nicht in unserer Wohnung sind, geht sie hinein und ordnet alles nach ihren Vorstellungen, sortiert die Wäsche im Schrank anders ein, räumt die Kinderzimmer auf, zieht neue Bettwäsche auf und dekoriert die Wohnung nach ihren Vorstellungen mit Accessoires und Kleinmöbeln! Dauernd lädt sie uns zum Kaffee ein. Anfangs bin ich immer hingegangen, weil ich dachte, so den Kontakt pflegen zu können. Aber ich habe schnell gesehen, dass ich beim Kaffeeplausch eigentlich immer nur gesagt kriege, was ich alles falsch mache, dass ich nicht richtig aufräume, dass ich zu wenig im Garten mache, dass ich keine Ahnung von Kindererziehung habe. Deshalb habe ich

irgendwann dankend abgelehnt, wenn sie wieder mit Einladungen gekommen ist. Ich war stets höflich und klar. Jetzt ist sie beleidigt, weil wir so wenig Kontakt haben und täuscht meinem Mann Herzattacken vor, für die natürlich ich die Ursache bin. Sie kann bei meinem Mann auf Kommando weinen und weiß, dass sie damit sein Herz erweichen und am Ende alles erreichen kann. Seine Mutter nutzt die Gutmütigkeit und Liebe meines Mannes schamlos aus und weiß, wie sie ihn rumkriegt! Ich erkenne ihre Manipulation und ärgere mich darüber, dass mein Mann ihr gegenüber ohnmächtig ist und sich nicht abgrenzen kann. Mich machen ihre Psychospielchen wütend und ohnmächtig.

Conny, 39:

Meine Ehe ist an meiner Schwiegermutter gescheitert, weil meine Schwiegermutter die Dritte im Bunde war. Ich wurde depressiv, weil ich gegen sie keine Chance hatte und mein Mann seiner Mutter völlig ergeben war. Die Folge war, dass meine Schwiegermutter sich nicht nur permanent in Beziehungs- und Erziehungsfragen einmischte, sondern mich vor anderen gemaßregelt und drangsaliert hat. Als einzigen Ausweg aus dieser Ehehölle sah ich die Trennung.

Die Mutter hat Macht über ihren Sohn, den sie erzogen und seine Entwicklung zum Mann bestimmt hat. Der Sohn schafft es in dieser Konstellation nur schwer, sich von seiner Mutter zu lösen, sich zu distanzieren und sich unabhängig zu machen. In der Mutter-Sohn-Symbiose hat es keiner gelernt, den anderen loszulassen. Und so sind rivalisierende Schwiegermütter einfallsreich, wenn es darum geht, den Sohn weiterhin abhängig zu halten und der Schwiegertochter dadurch das Leben schwer zu machen. Gerade dort, wo der Sohn sich von der Mutter befreit glaubt – in der Ehe – werden die Probleme besonders deutlich. Es gibt kuriose Situationen, in denen Mütter auch nach der Heirat ihrer Söhne unbeeindruckt weiter die Wäsche ihrer Söhne versorgen, ihnen ihr Lieblingsmenü kochen, obwohl dies eigentlich nicht mehr in ihren Zuständigkeitsbereich gehört und im Grunde eine ständige Provokation der Schwiegertochter ist.

Die Formen der Manipulation des Sohnes durch die Schwiegermutter sind vielfältig. Letztlich zählt das Ergebnis: Der Mann steht nicht hinter seiner Frau, sondern hält zur Mutter.

Ilona, 44:

Wenn mir einer bei meiner Hochzeit vor 22 Jahren prophezeit hätte, dass ich mich die nächsten Jahrzehnte in einem permanenten Kampf gegen Übergriffe vonseiten meiner Schwiegermutter befinden würde, ich hätte es nie und nimmer geglaubt. In meinem Mann habe ich leider keine Unterstützung, denn er ist konfliktscheu und möchte es immer allen recht machen und lässt mich regelmäßig als die Böse dastehen. Dabei verteidige ich doch nur meine Grenzen, die mein Mann mir aber in den Konfliktsituationen mit seiner Mutter nicht zugesteht. Er stellt sich ständig hinter sie, statt mir den Rücken zu stärken und dadurch haben wir häufig Ehekonflikte. Seine Mutter macht mich total fertig und deshalb entwickle ich bereits Vermeidungsverhalten, um mich vor ihr und ihren Übergriffen zu schützen.

Anne, 35:

Ich habe Probleme mit meiner Schwiegermutter. Richtig angefangen haben sie erst, als unser Sohn (19 Monate alt) geboren wurde. Seit einigen Monaten habe ich das Gefühl, für meine Schwiegermutter nicht mehr zu existieren. Es geht nur noch um ihren Enkel oder um ihren Sohn. Mich gibt es nicht mehr, ich bin abgeschrieben. Wenn meine Schwiegermutter sich z. B. mit anderen Leuten unterhält (egal ob ich dabei bin oder nicht!), dann erzählt sie nur von IHREM tollen Enkel und von IHREM großartigen Sohn und den Rest gibt es nicht. Ich habe das Gefühl, meine Schwiegermutter sieht sich nicht als Oma, sondern als Mama unseres Sohnes. Mein Mann hat zudem eine ziemlich enge Bindung zu seiner Mutter. Er ist der einzige Sohn und hat noch zwei Schwestern (eine jünger, die andere älter). Ich muss dazu sagen, dass meine Schwiegermutter eine ziemlich dominante Person ist. In ihrer Familie hat sie die Hosen an. Alles geschieht nach ihrem Kommando. Wenn ich mich bei meinem Mann darüber beschwere, dass sich seine Mutter zu viel in die Erziehung unseres Sohnes einmischt, entschuldigt er seine Mutter: „Ich weiß nicht, was du immer hast, sie meint es ja nur gut." Dann könnte ich platzen. Wir versuchen unserem Kind Grenzen zu setzen. Oma lässt alles durchgehen. Ich fühle mich irgendwie hilflos und allein gelassen, denn ich habe nicht mal hundertprozentig meinen Mann hinter mir stehen. Er wagt es nicht, seiner

Mutter zu widersprechen oder ihr Grenzen zu zeigen. Wenn ich es übernehme, bin ich die freche Schwiegertochter.

Wie das letzte Beispiel zeigt, geht häufig die seelische Gewalt von Schwiegermüttern aus, indem sie intrigieren, kontrollieren, überwachen und ihre Schwiegertöchter niedermachen, wo es nur geht. Den jungen Frauen wird jede Kompetenz abgesprochen, eigenständig und verantwortlich gestalten zu können. So behandelte Schwiegertöchter, die mit einem „Muttersohn" verheiratet sind und von ihm keinerlei Unterstützung bekommen, verlieren mit der Zeit ihre Ehre und ihre Selbstachtung. Häufig entstehen die Konflikte zwischen Schwiegermutter und Schwiegertochter erst nach der Geburt des ersten Enkelkindes.

Besonders perfide wird der Konflikt zwischen Schwiegermutter und Schwiegertochter, wenn die Schwiegermutter die Schwiegertochter maßregelt und demütigt und als Konkurrentin um die Liebe ihres leiblichen Sohnes auftritt.

Jenny, 38:

Unsere Ehe war von Anfang an ein Dreiecksverhältnis, in dem ich aber immer die Fremde war und nie dazugehörte. Für meine Schwiegermutter, die ihren Sohn allein aufgezogen hat, war klar, dass ich die Böse bin, die ihr ihren Sohn weggenommen hat. Bei jeder Gelegenheit machte sie meinen Mann auf meine Unzulänglichkeiten aufmerksam und wies ihn ständig darauf hin, dass ich den Haushalt schlampig führe („Schau dir mal die Spüle an, überall Kalkreste, die Jenny ist wirklich eine

Schlampe", ungepflegt aussehe „Die sollte mal zur Typ-
beratung" und eine schlechte Köchin sei „Von dem Fraß
wird man ja krank."). Meinen Mann hetzte sie auf, wie
man sich nur in so etwas wie mich verlieben könne. Sie
habe ihrem Sohn eigentlich einen besseren Geschmack
zugetraut und ihm durch ihr Vorbild gezeigt, was eine
wirkliche Frau ist. Unsere kleine Tochter wiegelte sie gegen mich auf und sorgte dafür, dass ihr Sohn geliebt und
ich als Schwiegertochter gehasst werde. („Deine Mama
ist ein billiges Flittchen, die geht doch mit Jedem ins Bett
und kochen kann sie auch nicht!"). Meine Schwiegermutter war immer die Dritte im Bunde und so lässt sich keine
Ehe führen. Meine Schwiegermutter wollte von morgens
bis abends bei uns sein, mein Mann und ich hatten keinerlei Privatsphäre mehr. Über Jahre zog sich der Streit
um die richtige Haushaltsführung und Kinderziehung
hin, bis die Ehe schließlich scheiterte. Mein Mann war
nicht in der Lage, seiner Mutter Grenzen zu setzen.

Offene und getarnte Aggressionen

Die häufigste Form der offenen Aggression ist die ständige
Einmischung der Schwiegermutter in Haushalts-, Erzie-
hungs- und sogar Ehefragen und die damit verbundene Kritik an der Schwiegertochter. Die übermächtige Mutter des
Mannes stellt ihre Lebenserfahrung ungefragt zur Schau, sie
weiß grundsätzlich alles besser. In extremen Fällen kommt
es sogar zu Verleumdungen und Überwachung der Schwiegertochter. Hierzu gehört auch, zur unpassenden Zeit ganz
plötzlich vor der Tür zu stehen.

Lena, 41:

Meine Schwiegermutter ist eine harte Prüfung. Nichts mache ich richtig, ständig mischt sie sich in unsere Familie ein und glaubt, das recht zu haben, ungebeten jederzeit auf der Matte stehen und zu kontrollieren, wie ich meinen Haushalt führe, wie ich mit ihrem Sohn umzugehen habe und wie ich die Kinder erziehe. Sie verkauft sich als die Gute, die mir ja nur im Haushalt helfen will, weil ich das alles nicht kann. Als ich ihr gesagt habe, dass ich das nicht wünsche und etwas auf Abstand gegangen bin, hat sie damit begonnen, ihre Intrigen zu spinnen, indem sie mich anderweitig regelrecht verleumdet hat. Durch Zufall ist es herausgekommen, dass sie in meiner Nachbarschaft erzählt hat, ich hätte zwei linke Hände und sei mit allem total überfordert. In unserem Haushalt gehe es drunter und drüber und alles sei chaotisch. Und mein Mann stellt sich auch noch hinter seine Mama und zieht sich auf die Aussage zurück: „Mama meint es doch nur gut und will dir doch nur helfen." Von ihm bekomme ich keine Unterstützung im Umgang mit meiner übergriffigen Schwiegermutter.

Saskia, 27:

Bis zur Geburt unseres ersten Kindes hatte ich noch eine recht gute Beziehung zu meiner Schwiegermutter. Nach der Geburt unserer Tochter hat sich unser Verhältnis deutlich verschlechtert. Ständig mosert meine Schwiegermutter an mir herum, was ich alles falsch mache, dass ich inkonsequent wäre und unfähig, ein Kind zu erziehen. Dann kommen ständige Vorwürfe, dass ich ihr das Kind vorenthielte und sie die Kleine schon wieder so lange nicht gesehen habe. In alles mischt sich meine Schwiegermutter ein und weiß natürlich alles besser. Ich habe oft das Gefühl, dass sie mich nun, da ich selbst Mutter bin, als Konkurrenz empfindet und mir immer wieder beweisen will, dass sie die bessere Mutter ist, alles besser weiß und kann und dass ich gegen sie ein Nichts bin. Die Frau bringt mich mit ihrer Besserwisserei zur Weißglut und wenn ich mich bei meinem Mann über ihre Unverschämtheiten beschwere, verteidigt er seine Mutter. Von ihm bekomme ich keinerlei Rückenstärkung. Für ihn ist immer noch seine Mutter die Frau Nr. 1.

Nicht so leicht erkennbar, aber genau so effektiv wie die offenen, sind die getarnten Aggressionen der Schwiegermutter: Sie will doch nur das Beste, wenn sie ungefragt die Schränke des Sohnes und der Schwiegertochter aufräumt. „Ich wollte euch nur helfen, schließlich geht ihr ja beide arbeiten", rechtfertigt sie sich, kann sich aber die Bemerkung nicht verkneifen: „Die Schränke hatten es aber auch wirklich nötig." Wenn der Sohn seiner Mutter auch noch recht gibt, ist der Ehekrach nicht mehr weit.

Die Manipulation der Schwiegertochter

Eine besonders subtile Form seelischer Gewalt besteht darin, den Schwiegertöchtern durch permanentes Klagen und Jammern ein schlechtes Gewissen zu machen. Hierzu ein Beispiel:

Sophia, 46:

Eigentlich habe ich keine gravierenden gesundheitlichen Probleme, seit einiger Zeit habe ich allerdings ab und an Panikattacken und kämpfe schon längere Zeit mit chronischem Durchfall und Übelkeitsattacken. Mein Arzt vermutet psychische Ursachen und seit etwa zwei Monaten nehme ich etwas gegen innere Unruhe, was mir anscheinend auch wirklich hilft. Mein eigentliches Problem ist aber meine Schwiegermutter. Sie ist 77 und eigentlich, zumindest was ihre Familie betrifft, eine Seele von Mensch. Anderen gegenüber kann sie schon ziemlich biestig sein. In den letzten Jahren häuft sich ihre Jammerei über ihre gesundheitlichen echten und eingebildeten Probleme. Sie ist Diabetikerin, hat das aber mit einer vernünftigen Ernährung im Griff, sie nimmt was gegen Bluthochdruck und Entwässerungstabletten. In letzter Zeit entwickelt sie sich zunehmend zum Hypochonder. Sie liest die Beipackzettel ihrer Medikamente und hat am nächsten Tag garantiert alle dort aufgelisteten Symptome. Ständig ruft sie an, um genauestens über alle Körperfunktionen zu informieren und einem zu sagen, wie schlecht es ihr eigentlich geht. Dabei ist sie gut dran, ist geistig fit, führt ihren Haushalt alleine, macht viel Handarbeiten und ist nur am Jammern. Mein Problem ist nun, dass ich das alles nicht mehr hören kann. Ich habe einfach keine Lust mehr, sie jeden Tag am Telefon stundenlang zu bauchpinseln, damit es ihr besser geht. Manchmal, wenn sie mich dann mal zu Wort kommen lässt, reagiere ich auch ungehalten. Sie legt auch jedes Wort auf die Goldwaage und dann habe ich ein schlechtes Gewissen und fühle mich schlecht. Bin ich ein schlechter Mensch, ein Egoist, weil ich so denke? Weil ich manchmal nicht ans Telefon gehe, weil ich keine Lust auf immer dasselbe Gelaber habe? Ich habe schließlich auch noch meine Familie, meinen Job, Haus und Garten und fühle mich durch Ihr Gejammer missbraucht. Mit meinem Mann kann ich darüber nicht so offen reden. Er sieht seine Mutter als eine Art Heilige, die nahezu perfekt ist. Bei ihm reißt sie sich komischerweise immer zusammen.

Beatrix, 35:

Meine Schwiegermutter hat mich von Anfang an abgelehnt, weil ich ihr zu flippig wäre und deshalb versuche ich, ihr so wenig wie möglich zu begegnen, weil diese Frau mich fertig macht mit ihren saublöden Sprüchen und Sticheleien, gegen die ich mich nicht wehren kann. Neulich sagte sie zu mir: „Ich kann mir gar nicht vorstellen, wie eine Landpomeranze wie du so flippig sein kann." Ein anderes Mal steckte sie mir: „In der Provinz konntest du das ja auch gar nicht lernen, da sind die Menschen doch noch sehr defizitär." Ich war für sie von Anfang an ein rotes Tuch und werde es bestimmt auch nicht mehr ändern können, obwohl ich mir eigentlich ein friedfertiges Miteinander vorgestellt habe. Aber bei so massiven Vorurteilen gibt sie uns keine Chance. Ich bewundere immer andere Frauen, die keine Probleme mit ihrer Schwiegermutter haben.

Aber es ist nicht immer nur die „böse" Schwiegermutter, die Probleme schafft. Immer häufiger höre ich in meinen Seminaren, wie einfallsreich auch Schwiegertöchter sein können, ihren Schwiegermüttern das Leben schwer zu machen.

Die Ablehnung der Schwiegermutter durch die Schwiegertochter

Eine Form seelischer Gewalt der Schwiegertochter ist die totale Ausgrenzung der Schwiegereltern aus ihrem Familienleben.

„Ruhe ist eingekehrt" – die Ausgrenzung der Schwiegereltern

Die Gründe für dieses Verhalten sind vielfältig, beeinflussen sich gegenseitig und sind der Schwiegertochter häufig gar nicht bewusst. Gründe sind:
• der Selbstschutz vor den Übergriffen der Schwiegermutter,
• eine tiefe Abneigung gegenüber den Schwiegereltern,
• ein extremer Herrschaftsanspruch über den Ehemann und die eigene Familie,
• die Bestrafung der Schwiegereltern für Kränkungen in der Vergangenheit.

Andrea, 41:

Mein Mann und ich haben den Kontakt zu meiner Schwiegermutter vor über einem Jahr abgebrochen. Jahrelang haben wir immer wieder versucht, einen Weg zu finden, diesen Schritt zu umgehen. Wir haben ständig Gespräche geführt, die sich als kraftraubend, nervenaufreibend und letztlich als sinnlos erwiesen haben. Inzwischen geht es uns sehr gut mit der Situation. Ruhe ist eingekehrt. Nun sind wir wegen des Kontaktabbruchs in der Verwandtschaft die Bösen. Wir haben uns die Entscheidung nicht leicht gemacht. Uns hat die Überlegung geholfen, dass man, wenn man am Arbeitsplatz täglich aufs Übelste gemobbt wird und nichts mehr hilft – kündigt. Wenn eine Beziehung partout nicht mehr funktioniert, trotz aller Versuche, sie zu retten, dann trennt man sich. Eine gute Freundin hat mir mal Folgendes geschrieben: „Freunde sind Gottes Entschuldigung für Verwandte." Unser Freundeskreis ersetzt uns das, was wir nicht mehr haben. Und damit sind wir nicht nur zufrieden, sondern glücklich.

Auch wenn Andrea und ihr Mann anscheinend über einen längeren Zeitraum vergeblich versucht haben, die Schwiegermutter abzugrenzen, rechtfertigt dies keine totale Trennung.

Ermöglicht und verstärkt wird die Ausgrenzung der Schwiegereltern durch die Manipulation des Ehemannes.

Lisa, 63:

Ich verstehe die Welt nicht mehr. Bis zur Hochzeit war alles in Ordnung, erst danach zeigte mir meine Schwiegertochter ihr wahres Gesicht. Seitdem zeigt sie mir, dass sie die „Bestimmerin" ist und verbietet meinem Sohn den Kontakt zu mir und enthält mir meinen fünfjährigen Enkel vor, was gerade in diesem Alter zur Entfremdung führt. Zum Geburtstag meines Enkels habe ich ihm ein Geschenkpaket geschickt, das mit dem Vermerk „Annahme verweigert" zurückkam. Danach hat uns unser Sohn per Einschreiben jegliche Kontaktaufnahme untersagt.

Wird der Kontakt zu den Eltern, bzw. Schwiegereltern so radikal und ohne Begründung wie bei Lisa abgebrochen, fällt es den Betroffenen noch schwerer, dies zu akzeptieren. Dieses Verhalten macht Lisas Schwiegereltern „ohmächtig", denn es gibt keine Möglichkeit, sich gegen einen derartigen Kontaktabbruch zu wehren. Deshalb ist er auch besonders aggressiv.

Heidrun, 59:

Meine Schwiegertochter zeigte mir nicht nur unmissverständlich ihre Ablehnung, sie hat es mir sogar direkt ins Gesicht gesagt: „Ich mag dich nicht und will auch keinen Kontakt zu dir. Ich habe meine Familie und das reicht mir." Trotz dieser Frechheit, die sie sich mir gegenüber leistete, wollte sie mich und meinen Mann dazu bewegen, ihr jetzt schon unser Haus zu überschreiben, das mein Sohn nach unserem Tod erben sollte. Ich machte meine Schwiegertochter darauf aufmerksam, dass das Haus zunächst für uns da sei und wir hart dafür gearbeitet hätten. Ab diesem Zeitpunkt bestraft sie uns mit einer Kontaktsperre, seitdem dürfen wir auch unser Enkelkind nicht mehr sehen, was uns sehr schmerzt. Wir wissen zwar, dass wir als Großeltern das recht hätten, ein Besuchsrecht gerichtlich einzuklagen, aber wir wollen vermeiden, dass unser Enkel, den wir lieben, zum Zankapfel wird und in einen Konflikt herein gezogen wird, zu dem er nichts kann.

Die voraus gegangenen Beispiele zeigen, wie schwierig familiäre Zwangskontakte sind, selbst dann, wenn man nicht täglich miteinander leben und auskommen muss. (s. Weiterführende Literatur (7) im Anhang)

„Ich möchte nicht, ..." – die Abwehr

Abwehrstrategien gegen die „böse" Schwiegermutter

Bevor wir nach Abwehrstrategien suchen, fassen wir kurz zusammen, was eine „böse" Schwiegermutter charakterisiert: Sie drückt in Worten, in ihrer Körpersprache und in ihrem Verhalten Ablehnung der Schwiegertochter aus:

• Sie kritisiert ihr Aussehen, ihre Haushaltsführung und ihre Kindererziehung. Sie macht abwertende Bemerkungen über ihre soziale Herkunft, ihre Ausbildung oder ihren Beruf. („Du bist ja nur ..., Du hast ja nur ...")

• Sie versucht, die Schwiegertochter zu dominieren, indem sie sich mit ungebetenen Ratschlägen und Urteilen einmischt, die junge Familie zu unpassenden Gelegenheiten aufsucht, und in deren Haushalt auftritt, als ob es ihrer wäre. (Beispiel: Zu Weihnachten kommt sie mit einer Gans und stürmt damit in die Küche).

• Sie versucht den Sohn zu dominieren, indem sie ihn hinter dem Rücken gegen seine Frau aufhetzt, ihn versucht mit Hilfe von kleinen Gefälligkeiten, wie Bügeln, Kochen abhängig zu halten und ihn wegen jeder Kleinigkeit im Haus um Hilfe ruft.

• Sie konterkariert die Erziehungsbemühungen der Mutter, indem sie den Enkelkindern erlaubt, was ihnen die Mutter verboten hat.

Wie können Sie sich als Schwiegertochter gegen diese Art seelischer Gewalt wehren?
Versuchen Sie, den Grund der Aggressionen zu verstehen.

Mit vielen Eigenheiten und Marotten der Schwiegermutter umzugehen, fällt leichter, wenn Sie erst einmal Verständnis dafür entwickeln, was hinter deren Verhalten steckt. Aus einer solchen Perspektive fällt es dann auch leichter, sich nicht immer sofort persönlich angegriffen zu fühlen oder auch mal in der einen oder anderen Situation einfach über den Dingen zu stehen.

Erklären Sie Ihrer Schwiegermutter, mündlich oder schriftlich, was Ihnen missfällt.

Es ist wichtig, seine Wünsche und Grenzen offen auszudrücken:
• „Ich möchte nicht, dass du so mit mir sprichst."
• „Ich möchte nicht, dass du so eingreifst in die Erziehung."
• „Ich mag es nicht, wenn du unangemeldet vor der Tür stehst."

Diese Versuche können oft zu heftigen, manchmal auch tränenreichen Auseinandersetzungen führen. Da es sich oft um getarnte Aggressionen der Schwiegermutter handelt, die diese niemals eingestehen wird, müssen Sie zunächst mit viel Widerstand rechnen: „ Ich habe doch nur gesagt ...", „Ich wollte dir doch nur helfen ..."

Denken Sie daran, dass Ihrer Schwiegermutter nicht bewusst ist, dass ihr aggressives Verhalten oft von Verlustängsten tief in ihrem Inneren bestimmt wird.

Besprechen Sie das Problem mit ihrem Mann und bitten Sie ihn, zu intervenieren.

Ob das hilft, hängt vor allem von der Ich-Stärke des Mannes ab. Er befindet sich, wie schon ausgeführt, in einem Loyalitätskonflikt. Einerseits möchte er seiner Frau helfen, andererseits will er sein Verhältnis zu seiner Mutter nicht belasten. Immerhin könnte er seiner Mutter in ruhiger Art erklären, dass seine Frau und er es begrüßen würden, wenn sie bestimmte Verhaltensweisen ändern würde. Man könnte zu Regeln kommen, z. B. Besuch nur einmal in der Woche nach Absprache.

Oft verstecken sich Männer leider hinter ihrer Frau und sagen dann: „Gaby möchte nicht, dass du die Kinder Fernsehen lässt …" statt: „Wir möchten nicht …" Die Erfolgsaussichten dieses Weges sind auch deshalb gering, weil zwar im günstigsten Falle bestimmte Verhaltensweisen geändert werden, die zugrunde liegende, tief empfundene Ablehnung der Schwiegertochter durch die Schwiegermutter aber nicht.

Es gibt Möglichkeiten, den Kontakt von Schwiegermutter und Schwiegertochter einzustellen oder zumindest zu minimieren, dass die Schwiegertochter eine deutliche Entlastung spürt.

Ein Kontaktabbruch gilt auch hier als allerletztes Mittel. Dennoch kommt es häufig vor, dass die Schwiegertochter die Schwiegermutter ausgrenzt. Sie teilt ihr mündlich oder schriftlich mit, sie nicht mehr sehen und sprechen zu wollen. Da, wie schon ausgeführt, die Schwiegermutter sich ihrer Aggressionen nicht bewusst ist, fühlt sie sich zu Unrecht bestraft und verstärkt so ihre ablehnende Haltung. Auf keinen Fall kann die Schwiegertochter erwarten – auch wenn sie es hoffen sollte –, dass die Schwiegermutter nun ein Einsehen hat und eine Versöhnung anbietet. So verhärten sich die Fronten nur. In dieser Situation ist ganz besonders der Ehemann gefordert. Er kann den Kontakt zu seinen Eltern aufrechterhalten und den der Kinder zu den Großeltern unterstützen. Dann ist seine Frau ausgegrenzt. Oder er bricht solidarisch ebenfalls den Kontakt zu seinen Eltern ab. Dann sind diese ausgegrenzt. Die klassische Lösung dieses Dilemmas ist ein „runder Tisch". Der Ehemann müsste die beiden Parteien an einem neutralen Ort zu einem Gespräch einladen mit dem Ziel einer Versöhnung. Dabei könnte er – oder besser noch eine geschulte externe Person – die Rolle des Moderators oder Mediators übernehmen.

Abwehrstrategien
gegen die „böse" Schwiegertochter

Schwiegereltern halten eine Schwiegertochter für „böse", wenn diese ihnen seelische Gewalt zufügt. Im schlimmsten Fall sorgt die Schwiegertochter für einen Kontaktabbruch ihrer gesamten Familie mit den Schwiegereltern. Damit nimmt sie den Schwiegereltern ihren Sohn und ihre Enkelkinder. Voraussetzung dafür ist, dass sie den Ehemann dominiert, ihn also zwingen kann, den Kontakt zu seinen Eltern abzubrechen.

Wie können Sie sich als Schwiegereltern gegen diese seelische Gewalt wehren?
Gesprächsangebote, Geschenke, Zuwendungen insbesondere an die Enkelkinder werden oft zurückgewiesen, haben somit wenig Aussicht auf Erfolg. Bekunden Sie die Bereit-

schaft, das eigene Verhalten noch mal zu überdenken, bevor Sie erneut auf Ihre Schwiegertochter zugehen. Schalten Sie gegebenenfalls eine dritte, neutrale Partei ein, am besten einen Mediator. Dieser kann die gesamte Situation aus einer gesunden Distanz beurteilen. Da er nicht beteiligt ist, werden auch seine Analysen und Lösungs- bzw. Versöhnungsansätze eher akzeptiert.

Hilfreich und wohltuend sind auch Selbsthilfegruppen, in denen man sich mit anderen Betroffenen austauschen kann, die ein ähnliches Schicksal erleiden. (Selbsthilfegruppen in Ihrer Nähe finden Sie unter: www.verlassene-eltern.de/10. html.)

Typisch für viele Konflikte ist, dass sich alle Beteiligte als Opfer fühlen. Sie haben die Kontrolle über die Situation verloren und sind „Getriebene", die auf die Angriffe der anderen Partei reagieren (müssen). Um handlungsfähig zu werden, ist aber ein Verständnis der Hintergründe und Gesetzmäßigkeiten von Konflikten hilfreich. Mediation vermittelt bei Konflikten, wenn zerstrittene Parteien nicht mehr in der Lage sind, ohne Hilfe von außen ihre Angelegenheiten zu verhandeln und Lösungen zu finden. Die MediatorInnen verstehen sich dabei als neutrale und überparteiliche Dritte. Sie setzen sich durch ihre Haltung und durch Kommunikationsmethoden dafür ein, dass das Gespräch zwischen den Konfliktparteien wieder in Gang kommt. Sie unterstützen die Parteien dabei, die Gefühle und Bedürfnisse zu erkennen und auszusprechen, die hinter ihren starren Urteile und Streitpositionen liegen. Und sie leisten „Übersetzungsdienste", indem sie dazu anregen, dass die andere Partei

zuhört und sowohl inhaltlich als auch emotional „versteht".
Der Wendepunkt einer Mediation ist dann erreicht, wenn
ein Perspektivenwechsel möglich ist, die Situation aus der
Perspektive des anderen zu sehen. Nur dadurch werden die
Interessen der anderen Partei als verhandlungswürdig anerkannt und der Kontrahent fühlt sich in seiner seelischen
Not verstanden. Dadurch ist es möglich, harte Positionen
aufzugeben und gemeinsam nach Lösungen für die Zukunft
zu suchen, die die Bedürfnisse beider Parteien berücksichti-
gen (Win-Win-Lösungen). Ein wichtiges Ziel jeder Mediation
ist auch, dass die Beteiligten lernen, in Zukunft kompetenter
mit schwierigen sozialen Situationen umzugehen. Mediato-
ren findet man beim Jugendamt, beim Familiengericht und
bei psychosozialen Beratungsstellen der Städte (Gesundheitsamt, Schulamt), bei Wohlfahrtsverbänden oder den
kirchlichen Beratungsstellen.

Manchmal kann es auch sinnvoll sein, eine Therapie zu machen.
Eine Psychotherapie ist immer dann erforderlich, wenn der
Konflikt zwischen Schwiegermutter und Schwiegertochter
so eskaliert ist, dass beide sich dauerhaft aus dem Weg gehen
(Vermeidungsverhalten) oder es zu psychosomatischen Symptomen kommt. Hier stehen eher Selbstschutz und Heilung im
Vordergrund. Eine Empfehlung für einen geeigneten Psychotherapeuten erhalten Sie über Ihren Hausarzt, Ihre Kranken-
kasse, eine Selbsthilfegruppe oder über das Internet.

Teil III:
Seelische Gewalt
außerhalb der Familie

Mobbing

Bei den destruktiven Beziehungen außerhalb der Familie geht es mir nicht wie in der Familie um Einzelbeziehungen, sondern um die Beziehung des Einzelnen zu einer bestimmten sozialen Gruppe, der er angehört. Solche Gruppen bilden sich aus den Arbeitskollegen, den Schülern, den Vereinskameraden, aus dem Bekanntenkreis oder aus der Nachbarschaft.

Schikane am Arbeitsplatz

Wenn von einem oder mehreren Gruppenmitgliedern gegen einen einzelnen dieser Gruppe seelische Gewalt ausgeübt wird, spreche ich von „Mobbing". Bekannt wurde der Begriff durch den aus Deutschland ausgewanderten schwedischen Arzt und Psychologen Heinz Leymann.[30] Er sprach von „Mobbing" in Bezug auf das Arbeitsleben.

Mobbing ist ein aus dem Wort „Mob" (der Pöbel) abgeleiteter Begriff, wonach einzelne Personen in ihrer sozialen Gruppe ausgegrenzt, schikaniert und terrorisiert werden. „Mobbing wird von kleineren Streitereien und punktuellen Gewaltausbrüchen dadurch abgegrenzt, dass die Angriffe wiederholt und über einen längeren Zeitraum hinweg in der Absicht erfolgen müssen, dem Opfer Schaden zuzufügen. Mobbing kann dabei von einer oder von mehreren Personen durchgeführt werden unter Duldung der Gruppe, und es richtet sich typischerweise auf ein Opfer, das sich nicht wehren kann (Stärkeungleichgewicht)."[31]

Die Folgen des Mobbings für das Opfer sind schwerwiegend: In der Medizin spricht man vom „Posttraumatischen Stresssyndrom."[32]

Die Psychotherapeutin und Autorin Marie-France Hirigoyens sieht im Mobbing ein Machtspiel, mit dem der Mobber seine vermeintliche Überlegenheit ausspielt und alle Mittel einsetzt, um Macht über sein Opfer zu bekommen und dadurch den Versuch unternimmt, seine eigenen Defizite zu verschleiern.

Sie verwendet für dieses perfide Verhalten den Begriff „perverse Gewalt".[33]

Warum aber ist gerade der Arbeitsplatz ein so beliebter Ort, an dem „gemobbt" wird? Durch die Globalisierung unserer Welt und die Konkurrenz eines weltweiten Arbeitsmarktes mit Verdrängungswettbewerb gerät der heimische Arbeitsmarkt immer stärker unter Druck. Arbeitsplätze werden bedroht durch billige Leiharbeiter, Insolvenzen und Rationalisierungen oder die Verlagerung der Produktionsstätten ins billigere Ausland (Fernost). Das löst unter Arbeitnehmern Existenzängste aus. Arbeitsplätze und Positionen werden nicht immer fair errungen oder verteidigt. Immer häufiger werden Menschen „weggemobbt", um deren Job übernehmen zu können. Allein die Jugendlichkeit und Dynamik eines neuen Kollegen oder die Tatsache, dass jemand als Leiharbeiter für weniger Lohn arbeitet, können bereits Konkurrenz- und Existenzängste auslösen. Der erfahrene und teurere Angestellte bangt um seinen Arbeitsplatz. Gerade Krisenzeiten fördern Existenzängste und die suchen sich ein Ventil. Der Druck entlädt sich häufig in Form von Gehässigkeiten unter den Arbeitnehmern. Das Ziel des Mobbens besteht darin, einen einzelnen Mitarbeiter durch Dauerangriffe verschiedenster Art zu verunsichern und zu demoralisieren mit dem Ziel, ihn hinauszuekeln – und das ganz subtil und hinterhältig, also vorwiegend in der Form der getarnten Aggression. Aber auch ältere Mitarbeiter laufen Gefahr, gemobbt zu werden, wenn ihre Leistungskraft nachlässt oder sie zunehmend Schwierigkeiten haben, sich auf Veränderungen einzustellen, z. B. mit neuen Computerprogrammen oder neuen Maschinen zu arbeiten. Letztlich sucht sich die Gruppe der Kollegen jemanden als Mobbingopfer aus, der Schwächen zeigt und signalisiert, dass er sich nicht wehren kann oder will, um ihn anzugreifen.

Mobbing beginnt oft schleichend. Es fängt zum Beispiel damit an, dass Betroffene ignoriert, übergangen, wie Luft behandelt werden. Oder es werden ihnen Informationen vorenthalten, um sie auszugrenzen. Ein Anzeichen von Mobbing besteht auch darin, Gerüchte über einen Kollegen zu verbreiteten und sich ständig über ihn lustig zu machen. Im nächsten Stadium wird das Opfer mit unberechtigter Kritik und sinnlosen Anordnungen überschüttet.[34]

Mobbingopfer, die „durchhalten", um ihren Arbeitsplatz zu verteidigen, erringen oft nur einen Pyrrhussieg, denn langfristig macht systematisches Mobbing krank, weil sie sich einer Situation ausgesetzt sehen, der sie sich hilflos und ohnmächtig ausgeliefert fühlen. Berufsanfänger sind „dankbare" Ziele für Mobbing. Sie kennen sich noch nicht mit den Gepflogenheiten am Arbeitsplatz aus und es fehlt ihnen noch an der Fähigkeit, Menschen und Situationen einzuschät zen bzw. zu durchschauen. Oft fehlt ihnen auch das nötige Selbstbewusstsein, um sich angemessen gegen Angriffe zu wehren oder sie haben eine mangelhafte Selbsteinschätzung und glauben, alles besser zu können als die älteren Kollegen. Mobbing gehört mit zum Schlimmsten, was einem am Arbeitsplatz passieren kann. Es geht darum, jemanden psychisch zu unterwerfen, „sei es, um ihn zur Kündigung zu bewegen und aus einer Firma auszuschließen, sei es, um ihn zu vernichten. Dahinter steht eine bösartige Freude, die Lust, einem anderen zu schaden, ihn als Nichts zu behandeln, seiner Würde zu berauben, ihn dort zu treffen, wo es am meisten wehtut. Ziel ist keineswegs, den oder die Betreffende/n zu besserer oder effizienterer Arbeit anzustacheln. Im Gegenteil: Oft entzieht man ihm oder ihr die Arbeitsmittel, die Unterlagen, zuweilen auch unverzichtbare Informationen und die nötige Ausstattung. Dieses Gefühl der völligen und grundlosen Entwertung, die Erfahrung von äußerster Respektlosigkeit kann manche um den Verstand bringen, viele fallen in Depressionen, und gesundheitliche Schäden sind fast immer die Folge."[35]

Die Angriffe gegen ein Mobbingopfer sind fast immer getarnt. Es handelt sich um indirekte oder verdeckte Aggression, was auch ein Grund dafür ist, dass Mobbing so schwer nachweisbar ist. Die gezielten, dauerhaften Drangsalierungen im Job haben Folgen.

„Mobbing hat ganz erhebliche Auswirkungen auf die betroffene Person und das Unternehmen und die Gesellschaft. Die permanenten Schikanen führen in der Regel zu starker Verunsicherung, erhöhtem Misstrauen, Nervosität, Leistungsblockaden, Angst- oder Ohnmachtsgefühlen, Demotivation, innerer Kündigung oder sozialem Rückzug. Nicht selten kommt es zu Depressionen oder Suizid-Gedanken. Körperliche Symptome können Schlafstörungen, Kopf-, Magen-, Rücken-, Nackenschmerzen, Herzklopfen oder Atemnot sein."[36]

Der subtile Psychoterror treibt das Opfer an den Rand der Verzweiflung. Viele von Mobbing Betroffene erkranken und liefern damit einen weiteren Grund, ausgegrenzt zu werden. Der Vorgesetzte kann sich nun nicht mehr länger des Eindrucks erwehren, dass der betreffende Mitarbeiter überfordert ist. Damit hat der Mobbingtäter ein wichtiges Ziel erreicht. In der Folge wird der Aufgaben- und Verantwortungsbereich des Opfers beschnitten, wenn nicht gar einem anderen Mitarbeiter übertragen.

Larissa, 21:

Ich bin Berufseinsteigerin und arbeite in einer Abteilung mit einem überwiegenden Frauenanteil. Über Monate hat man mich geschnitten, mir Informationen vorenthalten. Eines Tages, als ich von der Mittagspause an meinen Arbeitsplatz zurückkehrte, klebte an meinem PC-Schirm ein Aufkleber mit dem Vermerk: „Versagerin" und darunter stand: „Die Abteilung". Ich weiß nicht, wie ich damit umgehen soll und habe das Gefühl, der Situation ausgeliefert zu sein, weil alle gegen mich sind. Ich leide inzwischen unter Schlaf- und Konzentrationsstörungen und habe morgens Angst, zur Arbeit zu gehen. Ich weiß nicht mehr weiter.

Es ist schwer, sich gegen diese heimtückische Gewalt durch Mobbing zu wehren, die selten äußere Spuren hinterlässt, oft nur schwer zu benennen und kaum beweisbar ist. Welche realen Chancen hat also ein Opfer, sich gegen Mobbing zu wehren?

Vier Abwehrstrategien können unterschieden werden:
• Die Konfrontation mit dem Mobbingtäter (Offensive).
• Gespräche mit dem Betriebsrat oder dem Vorgesetzten (Öffentlichkeit herstellen).
• Juristische Unterstützung (Erinnerung des Arbeitgebers an seine Fürsorgepflicht, notfalls Erstattung einer Strafanzeige wegen Verletzung des allgemeinen Persönlichkeitsrechts, Einfordern von Schadensersatz in Form von Schmerzensgeld).
• Die Kündigung als äußerstes Mittel.

Kinder jenseits der Norm! – Mobbing in der Schule

Der Leistungsdruck in der Gesellschaft steigt, ebenso die Erwartungen der Eltern und Lehrer an die Kinder – wer nicht funktioniert, wird ausgegrenzt, steht als Versager da. Kinder, die irgendwie anders, also jenseits der Norm liegen, z.B. weil sie hochbegabt, introvertiert oder irgendwie anders sind, haben in der Schule einen schweren Stand. Sie werden geärgert, lächerlich gemacht, gedemütigt und geraten dadurch unter dauerhaften Psychostress. Das wirkt sich auf ihre Gesundheit aus. Die Symptome reichen von Ess-, Konzentrations- und Schlafstörungen über Angstattacken, unerklärliche Depression oder Aggression bis hin zu unerklärlichen Kopf- oder Bauchschmerzen. Oft verändern gemobbte Kinder auch ihr Wesen.

Der durch Mobbing verursachte Druck führt unweigerlich in eine Stresssituation, die von vielen Schülern ohne Hilfe von außen kaum mehr zu bewältigen ist. Die einen macht es krank, andere werden aggressiv und gehen auf ihre Mitschüler los. Ein Teufelskreis, der nur schwer zu durchbrechen ist. Um von der eigenen Unsicherheit, dem eigenen Frust abzulenken, kommt es an Schulen immer häufiger dazu, dass Schüler ihre Klassenkameraden mobben. Gnadenlos werden Mitschüler beleidigt, erniedrigt, geschlagen, „abgezogen" oder im Internet bloßgestellt. Hilflos sind solche Kinder der Meute ausgeliefert.

Der Gymnasiallehrer und Mobbingexperte Wolfgang Kindler (s. Weiterführende Literatur (8) im Anhang) hat sich seit langem diesem Problem zugewandt und kennt die zerstörenden Mechanismen sehr gut. Kindler beobachtet, dass Mobbing in den letzten Jahren zugenommen hat. In einem Interview erklärt er, dass Mobbing nur funktionieren könne, wenn das Problem nicht erkannt oder geleugnet werde. Seinem Verständnis nach handele es sich bei Mobbing um einen Prozess, der geplant werde, lange andauere, gewisse Strukturen erfordere und der in der Regel ein Opfer habe, dessen Persönlichkeit in Folge der Attacken teilweise zusammenbreche. In der Schule führe das dazu, dass nicht der oder die Täter die Schule verlassen, sondern der oder die Gemobbte.

Kindler hat darüber hinaus beobachtet, dass es in der 8. Klasse einen rasanten Anstieg von Fällen gebe, in denen gemobbt werde. Höhepunkt sei dann, auch pubertätsbedingt, die Klasse 9. Dabei sei es offenbar ganz egal, um welche Schulform es sich handele: Mobbing gebe es überall, sogar schon an Grundschulen und natürlich auch an Gymnasien. Der Unterschied zwischen Jungen und Mädchen bestehe hierbei in der Art, wie sie mobben: Während Jungen ihre Opfer meist direkt anpöbelten, grenzten Mädchen eher hinterlistiger aus, in dem sie im Beisein des Opfers eine Freundin fragen: „Willst du mit uns ins Kino oder etwa mit der da was machen?"

Die 17-jährige Gymnasiastin Nora wurde zum Mobbingopfer, weil sie als Hochbegabte eine Klasse übersprungen hatte und allein dadurch zur Zielscheibe ihrer Klassenkameraden wurde. Als der Druck für sie unerträglich wurde, wechselte sie die Schule, wodurch es ihr gelang, in den normalen Schulalltag zurück zu finden. Doch längst nicht jedem gelingt es, so wie Nora, eine persönliche Krisensituation alleine zu meistern. Viele Kinder werden krank, sind verstört oder depressiv. (s. auch Weiterführende Literatur (8) und Adressen im Anhang)

Im Schutze der Anonymität – „Cyber-Mobbing"

Eine neue Dimension, Menschen an den Pranger zu stellen und öffentlich „fertigzumachen", ist das Cyber-Mobbing, bei dem den Opfern Ehre und Würde öffentlich genommen wird, indem sie über das Internet einem Millionenpublikum vorgeführt und lächerlich gemacht werden. Die Täter bleiben dabei anonym.

Das Internet hat auch die Welt der Schüler verändert. Im Gegensatz zum Mobbing in der Schule mit Getuschel auf dem Schulhof oder Hänseln auf dem Nachhauseweg führen heutige Schüler ihren Zoff übers World Wide Web aus. In sozialen Netzwerken (SchülerVZ, Lokalisten.de, Kwick, Facebook, StudiVZ oder Knuddels), durch Internetvideos (Portale wie You Tube) oder per Handy (SMS) wird gemobbt, beleidigt, bedroht. Wer der Angreifer aus dem virtuellen Hinterhalt ist, bleibt meist im Dunkeln. Und selbst wenn er – etwa als Mitschüler – entlarvt wird, hat sein schikanöses Treiben in der Regel für ihn keine gravierenden Folgen.

Der „Lisa-Marie-Hass-Club" ist nur eine von 285 virtuellen Gruppen zum Thema „Hass", die im „SchülerVZ", einem der großen Online-Netzwerke, zu finden sind. Wie schnell aus einem „Spaß" ernsthafter Psychoterror werden kann, wird deutlich, wenn man in solchen Portalen „unterwegs" ist.

Viola, 15:

Der Terror begann ungefähr vor einem Jahr. Da bekam ich plötzlich fremde SMS und E-Mails, die saublöd waren. „Du blöde Kuh" stand da und „Pass ja auf – wir kriegen dich". Am Anfang war mir das egal, aber die anonymen Drohungen hörten nicht auf. Das Mobbing per E-Mail, SMS und Internet ging weiter. Gefälschte Forenbeiträge tauchten auf, in denen ich als männergeile Schlampe vorgeführt wurde, die mit allen Jungs schlafen möchte. Unterschrieben waren die Beiträge mit meinem Namen, meiner Adresse und Telefonnummer. Bei SchülerVZ, einem Online-Netzwerk für Schüler, wurde eine „Viola-Hassgruppe" gegründet. Dann wurden per E-Mail gefälschte Nacktfotos verbreitet. Die ganze Schule kennt sie, und wenn ich irgendwo vorbeigehe, flüstern sie mir „Pornoqueen" hinterher. Ich hatte keine Ahnung, wer hinter den Mobbing-Angriffen steckte, denn die „Täter" blieben anonym. Ich fühlte mich sehr schlecht, schämte mich so, dass ich nicht mehr wagte, aus dem Haus zu gehen, weil das, was man mit mir gemacht hatte, eine öffentliche Hinrichtung war. Meine Würde und mein Ehrgefühl wurden in den Dreck getreten. Die Wirkung bei mir war fatal. Ich bekam Depressionen, hatte Selbstmordgedanken und musste in ärztliche Behandlung.

Die Anonymität des Internets lässt manche Schranken fallen und ermutigt zu Übergriffen, Mitschüler gezielt bloßzustellen, zu beleidigen und zu beschimpfen, was ja im Schutze der Anonymität für den „Cyber-Täter" keine Folgen hat. Man kann seine Aggression entladen, ohne dafür zur Verantwortung gezogen zu werden.

Das Internetprojekt „Web of Trust"[37] warnt vor unseriösen Internetportalen, die meist nur eine virtuelle Postkastenadresse auf Neuseeland haben, nicht kontrolliert werden und gegen deren Betreiber schwer vorzugehen ist, weil sie nicht deutschem Recht unterstehen. „Web of Trust" ist ein Community-Projekt, das vor dubiosen Webseiten warnt.

Mobbing im Internet setzt immer mehr Schülern zu. Es sind beileibe nicht nur Außenseiter, die unter diskriminierenden Web-Attacken zu leiden haben. Die neueste Studie des Zentrums für empirische pädagogische Studien (Zepf) der Universität Koblenz-Landau[38] zeigt, dass Cyber-Mobbing längst auch zum Alltag in deutschen Schulen gehört. 40,5 Prozent der 2000 befragten Schüler (1. bis 13. Klasse) gaben an, direkt betroffen zu sein. Besonders Grundschüler sehen sich Angriffen, Androhung körperlicher Gewalt, Gerüchten und Ausgrenzungen via Handy, E-Mail, Messenger oder Chat ausgesetzt. Auch der Landesschülerbeirat Baden-Württemberg sieht das Digitale-an-den-Pranger-Stellen mit wachsender Sorge.[39]

Viele Opfer verbergen sich aus Scham, Furcht und Verzweiflung und schweigen. Allenfalls gegenüber der besten Freundin oder in Internetforen geben sie ihr Innerstes preis und berichten über Verletzungen, Ängste, Wut und Verunsicherung.

Was kann man als Cyber-Mobbingopfer tun?
• Mobbing-Opfer fühlen sich möglicherweise ihren Peinigern hilflos ausgeliefert, sie sind es aber nicht. Sie können beispielsweise die Mobber ins Leere laufen lassen und auf deren Attacken einfach nicht reagieren. In Online-Netzwerken gibt es die Möglichkeit, den Mobber auf „Ignorieren" zu setzen. Wer per E-Mail gemobbt wird, für den kann es hilfreich sein, sich eine neue E-Mailadresse zuzulegen. Gleiches gilt für Chatrooms. Hier kann man sich ein neues Pseudonym zulegen.
• Experten raten Mobbingopfern, auf keinen Fall auf die Beleidigungen zu reagieren. Dadurch würden „Cyber-Täter" nur noch zum Weitermachen ermutigt. Ratsam ist es, eine Öffentlichkeit herzustellen und mit Betroffenen, mit Freunden, Lehrern oder Eltern zu sprechen. Wer sozial isoliert ist, kann sich aber auch an diverse Hilfsangebote im Internet wenden.
• Wer einen Cybermobber anzeigen will, braucht Beweise. Cybermobbing-Opfer sollten deshalb E-Mails, Chatprotokolle und SMS aufbewahren. Webseiten sollten als Screenshots gesichert werden.

• Ein Rat an Eltern: „Reden Sie mit Ihren Kindern über Mobbing, bevor es passiert." Eltern sollten sich rechtzeitig über Cyber-Mobbing informieren – am besten im Internet. Websites wie klicksafe.de bieten sich als Ausgangspunkt für eine Recherche an.[40]

Gemobbt wird leider nicht nur am Arbeitsplatz, in der Schule und im Internet, sondern auch in anderen Bereichen, in denen sich Menschen in Gruppen zusammenschließen, also z. B. in Vereinen, im Bekanntenkreis oder in der Nachbarschaft.

Gestörte Beziehungen im Freizeitbereich

Der „Neue" – Mobbing in Vereinen

Wir alle kennen Vereine oder Clubs, in denen Menschen gerne zusammenkommen, z. B. den Kegelclub, den Handballverein, den Tennisclub, den Kirchenchor oder den Wanderverein. Die Motivation, in einen Verein einzutreten, ist zunächst das Interesse an seinem sachlichen Zweck. Ebenso wichtig, wenn nicht in manchen Vereinen sogar vorrangig, ist für die Mitglieder das „Vereinsleben", also die Geselligkeit, die ihnen der Verein bietet. Jede Kommunikation zwischen Menschen ist aber grundsätzlich auch störanfällig und so kann es auch in einem Verein zu gestörten Beziehungen innerhalb der Gruppe kommen. Die Eigendynamik dieser Kommunikationsstörungen kann in Einzelfällen auch zum Mobbing führen. Ein Beispiel aus einem Kirchenchor:

Leo, 59:

Als Vorruheständler suchte ich mir neue Betätigungsfelder. Da ich früher schon immer gern in einen Chor gegangen wäre, aber keine Zeit für derartige regelmäßige Veranstaltungen hatte, meldete ich mich in einem Kirchenchor an. Von der Altersklasse her passte ich eigentlich sehr gut hinein, vom Erscheinungsbild eher weniger. Während die Masse den „Rentnerbeige-Einheitslook" zu bevorzugen schien, war ich Kontrastprogramm und kam mir in gelbem Anorak, grüner Hose und bunt gestreifter Ringelmütze wie ein Paradiesvogel vor. Meine Farbenfreude in der Kleidung spiegelt mein Lebensgefühl wider und nie zuvor habe ich deshalb irgendwo Ablehnung erfahren. Natürlich ist mir nicht entgangen, dass manche Menschen schon ein bisschen geschmunzelt haben, aber „geschnitten" wurde ich deshalb nie. Anders war das im Chor. Obwohl die Chormitglieder vordergründig freundlich zu mir waren, merkte ich bald, dass über mich getuschelt und gelacht wurde. Bei Chorproben wurden Kommentare abgegeben, die ich hören sollte: „Der singt absolut schief und daneben." Darauf ein anderer: „Nicht so laut, sonst fängt das sensible Weichei noch an zu heulen." Ich habe den Chor einige Male nach der Chorprobe zum Bierchen eingeladen, um die Situation zu verbessern. Am Ende war ich so zermürbt, dass ich aufgab und den Chor verließ.

Die Motive für das Mobbing sind in diesem Fall offensichtlich. Der „Neue" ist anders als die Gruppenmitglieder, er kleidet sich auffallend und er wirkt unsicher und schwach, er gilt als „Weichei". Seine Andersartigkeit wirkt störend und er wird in der Gruppe nicht ernst genommen.

Ein Vereinsmitglied kann sich in vier von einander unabhängigen Kategorien besondere Anerkennung in einer Gruppe verschaffen und zwar:

• durch Können, damit trägt das Mitglied maßgeblich zur Erreichung des erklärten Zieles des Vereins bei, z. B. wenn Leo über eine außergewöhnlich gute Stimme verfügen würde,

• durch Geld, wenn Leo seinen Chor maßgeblich finanziell unterstützen würde,
• durch gesellschaftlich hervorgehobene Stellung und
• durch eine attraktive Persönlichkeit.

Da Leo in keiner der vier Kategorien wenigstens das gefühlte Durchschnittsniveau erreichte, hatte der Chor offenbar kein besonderes Interesse an ihm und so wurde er auf subtile Weise aus der Gruppe gedrängt.

Auch wenn das Mobbing für Leo mit schmerzhaften Erfahrungen verbunden war, muss doch eingeräumt werden, dass es wesentlich leichter ist, einen Verein zu verlassen als einen Arbeitsplatz, wie es im vorangegangenen Abschnitt geschildert wurde.

Missgunst und Neid im Bekanntenkreis

„Gute Freunde und Bekannte mobben sich doch nicht!", würden Sie sagen – wenn Sie es noch nicht erlebt haben. Es geht ja auch nicht um einzelne Bekannte, sondern um eine Gruppe von Bekannten, sagen wir, vier bis sechs Ehepaare, kurz, den „Bekanntenkreis". Man trifft sich regelmäßig zu Geburtstagen, zu Grillfesten und zu Freizeitaktivitäten, wie z. B. Tagesausflügen. Daneben gibt es die wunderbare Erfindung des „Kaffeeklatsches", der aber den Damen vorbehalten ist. Männer organisieren gern z. B. eine Wanderung mit Übernachtung, überlassen aber oft die „Kommunikationsarbeit" lieber den Frauen. Damit tragen vor allem die Frauen die Verantwortung für die Qualität der Beziehungen innerhalb des Bekanntenkreises. Das heißt auch, wenn sich Störungen einstellen, betreffen diese zunächst fast immer die Beziehungen der Frauen untereinander.

Ursachen

Welche Art von Störungen können auftreten?
Eifersucht und Neid lassen sich oft beobachten. Diese Gefühle werden provoziert, wenn sich eine Frau aus dem Bekanntenkreis vom Durchschnitt besonders abhebt, sei es, dass sie besonders attraktiv auf Männer wirkt, intelligenter und selbstbewusster ist, besonders „tolle" Kinder hat oder wegen ihres Berufes einen größeren finanziellen Spielraum hat als die anderen. Eifersucht, Missgunst und Neid sind die Triebfedern für die Aggressionen in der Gruppe. Anders als am Arbeitsplatz oder im Verein ist das Opfer der Aggressionen nicht eine schwache, unsichere Person, sondern ein Mensch, der den anderen der Gruppe etwas voraus hat und der, wenn es gerecht zugehen würde, Anerkennung verdiente.

Das Phänomen, dass Frauen einander bekämpfen, nennt man umgangssprachlich „Stutenbissigkeit" und ist in der Wissenschaft als „Krabbenkorbphänomen" beschrieben worden. Fischer brauchen, wenn sie Krabben gefangen haben, den Korb nicht zuzudecken, denn jede Krabbe, die versucht, sich zu befreien, wird von den anderen Krabben zurückgeholt. Warum ist das bei Frauen auch so? Alle sitzen in einem „Korb" und fühlen sich im Einklang. Wenn eine der Frauen nun versucht, aus dem Korb auszusteigen, weil sie mehr Talent, Durchsetzungswillen und Ehrgeiz als die anderen hat, dann neigen andere Frauen dazu, sie wieder herunter zu ziehen, weil es die Harmonie der Gruppe stört. Nichts bedroht Frauen mehr, als eine andere tüchtige Frau. Frauen, die auf irgendeinem Gebiet in Führung gehen, verlieren die Geborgenheit und Zugehörigkeit der Gruppe.

Wenn Eifersucht, Neid und Missgunst die Ursachen für Mobbing sind, dann bedarf es nur noch eines Anlasses, um den Mobbingkrieg gegen das Opfer zu entfachen. Solch ein Anlass könnte schon darin bestehen, dass ein Gruppenmitglied eine bestimmte Person aus dem Kreis überschwänglich lobt.

Formen der Angriffe

Die Formen der Angriffe reichen von der getarnten Aggression, der üblen Nachrede bis hin zur Ausgrenzung. Frauen neigen dazu, ihre Aggressionen getarnt und verdeckt auszutragen.

Eine offene Auseinandersetzung scheint zu riskant, denn es ist schwer abzuschätzen, ob man dem anderen gewachsen ist. Deshalb wird möglichst unauffällig auf allen Ebenen mit strategischem Einfallsreichtum gegen die Rivalen gearbeitet. Verbündete werden gesucht. Im Gegensatz zu Männern, die ihren Gegner durch Leistung zu übertrumpfen suchen, reicht Frauen, die seelische Gewalt ausüben, das selten. Sie neigen dazu, die andere Frau auch als Person ausschalten zu wollen. Das heimliche Ziel besteht darin, „under cover" viele Personen mit möglichst großem Einfluss in ihre Angriffstaktik hineinzuziehen.

Die getarnte Aggression

Es handelt sich hier um scheinbar witzige Bemerkungen, kleine Sticheleien, Spötteleien und ironische Bemerkungen, mit denen der Mobber auf Kosten des Gemobbten in der geselligen Runde der Gruppe schallendes Gelächter erzielt. Gegenstand ist irgendeine Schwäche des Opfers – und bei jedem Menschen findet man eine solche. Auch peinliche Begebenheiten aus der Vergangenheit werden gern aufgespießt. Alles wird gut verpackt, beispielsweise als vermeintliches Kompliment, so dass es nicht als Angriff erkannt werden soll. Diese scheinbar harmlosen Attacken zeigen oft schon den Beginn eines Mobbingkrieges. Es kommt bereits hier darauf an, dass sich das Opfer schlagfertig verteidigt, am besten durch einen Gegenangriff.

Eine weitere Spielart des Mobbings ist die verdeckte Aggression in der Form der üblen Nachrede.

Wenn über andere – nicht Anwesende – getratscht wird. Da man sich ausrechnen kann, dass jeder einmal „dran" ist, wird dieses Verhalten in der Gruppe oft nicht allzu übel genommen, schließlich kann man sich bei nächster Gelegenheit revanchieren. Ernst wird es aber, wenn die Gruppe beginnt, sich auf eine Person als Opfer zu fokussieren. Dann macht man sich nicht mehr nur über persönliche Schwachpunkte der Zielperson lustig, sondern es werden auch Gerüchte gestreut und Unwahrheiten behauptet mit dem Ziel, das Opfer endgültig zu demontieren. Und dann gibt es noch die sehr wirksame Waffe der Ausgrenzung.

Die Ausgrenzung

Das Opfer wird nicht mehr eingeladen und erfährt später von der Einladung durch Zufall oder weil sich jemand „verplappert". Mit fadenscheinigen Entschuldigungen, wie „Ich kann nicht jedes Mal alle meine Bekannten einladen, an meinen Tisch passen nur neun Personen" oder „Ich dachte, du bist im Urlaub", wird versucht, die Ausgrenzung zu kaschieren.

Die Ausgrenzung ist auch bei Zusammenkünften mit den Ehepartnern zu spüren, bei denen das Opfer nicht übergangen werden kann, wenn man die Körpersprache der übrigen Gruppenmitglieder wahrnimmt und registriert, wer neben wem steht, sitzt oder wer sich mit wem unterhält.

Carola, 57:

Ich kam zufällig in einen Kreis, der im Gegensatz zu mir sehr außengesteuert und konsumorientiert war. Wenn ich mit der Gruppe unterwegs war, war ich die Einzige, die zwar mit zum Shoppen ging, aber nichts kaufte, weil ich nichts brauchte. Von einer dieser Damen musste ich mir dann auch in spitzem Ton sagen lassen: „Man kann sich auch noch zu Tode sparen." Ich selbst konnte diese Bemerkung in keiner Weise nachvollziehen und konterte darauf: „Satter als satt kann man nicht sein, ich habe alles, was ich brauche." Ich merkte aber, dass ich aufgrund meines Andersseins, meiner Abweichung, zunehmend ausgegrenzt wurde oder mit verächtlichen Blicken oder Bemerkungen bedacht wurde. Für mich war das alles unerfreulich und nicht nachvollziehbar. Ich habe doch auch keine spitzen Bemerkungen über das Shoppingverhalten der anderen gemacht. Lange habe ich gegrübelt, warum man mich nicht mochte und schlecht behandelte. Irgendwann ging mir das so auf den Geist, dass ich mir einen neuen Bekanntenkreis suchte, wo ich so akzeptiert wurde, wie ich war.

Doris, 64:

In meinem Damen-Kaffeekränzchen war ich die Einzige, die im Gegensatz zu den anderen immer berufstätig war und eigenes Geld verdiente. Obwohl ich immer eingeladen wurde, merkte ich, dass die Gruppe alles andere als wohlwollend war, eines Tages sogar übergriffig wurde und mir vorhielt, dass ich eine eigene Pension bekam. Daraufhin machte ich klar: „Die Pension bekomme ich nicht geschenkt, die habe ich mir erarbeitet." Auf ganz miese Art und Weise versuchte man, sich auf meine Kosten zu verlustieren und mich vorzuführen. Die Gastgeberin verpackte die größte Unverschämtheit in ein Kompliment, indem sie sagte: „Ach wie siehst du heute wieder gut aus, nicht so aufgedunsen, wie sonst schon mal." Hätte ich nicht meinen guten Tag und meinen inneren Kampfanzug an gehabt, wäre mir die Kinnlade bestimmt heruntergefallen und alle hätten auf meine Kosten einen Lacher gehabt. Ich konterte: „Im Gegensatz zu dir kann ich mit meinen Genen sehr zufrieden sein." Dieser Schlagabtausch, bei dem es gezielt unter die Gürtellinie ging, zeigte mir, wie vergiftet die Atmosphäre war. Ich zog meine Konsequenzen und setzte mich von diesen „toxic people" ab.

Wer permanent solchen Attacken wehrlos ausgesetzt ist, kann davon sogar krank werden.

Ines, 44:

> Ich werde in meinem Bekanntenkreis gemobbt. Dieser Dauerbeschuss führte bei mir zu Schlaf- und Konzentrationsstörungen, Kopfschmerzen und depressiven Verstimmungen. Ich habe mich zurückgezogen, denke aber, dass das eine Form von Schwäche ist.

Sofort was tun! – die Befreiung

Das Gefühl, im Bekanntenkreis permanent abgelehnt zu werden, führt bei einer starken Persönlichkeit zwar nicht zur Demontage des Selbstbewusstseins, aber zu einem zunehmenden Grad von Unwohlsein. Wer im Bekanntenkreis gemobbt wird, darf das in keinem Fall zulassen, sondern muss sofort etwas dagegen tun. Je länger man mit der Gegenwehr wartet, umso mehr werden die Angreifer ermutigt, ihr Treiben fortzusetzen. Nicht immer bringt es etwas, sich offen gegen Grenzüberschreitungen zu wehren und gegen getarnte Aggressionen ist man ohnehin machtlos.

Wenn das Problem nicht in offener Aussprache mit den Gruppenmitgliedern zu lösen ist, weil sie nicht dazu bereit und auch niemand eine Vermittlerrolle übernehmen will und kann, bleibt nur der Ausweg, die Gruppe zu verlassen. Dieser Schritt fällt allerdings nicht leicht. Ein Bekanntenkreis, sagen wir von fünf Ehepaaren, hat oft eine lange Entwicklung hinter sich. Mit ihm sind sehr viele gemeinsamen Geschichten, Erlebnisse, Bilder und Erinnerungen verbunden. Man hat die Kinder aufwachsen sehen, Sorgen und Nöte geteilt. Und das soll nun alles aufgegeben werden? Hinzu kommt, das Mobbing wird ja nicht von allen Mitgliedern ausgeübt, insbesondere nicht von den jeweiligen Ehemännern. Manchmal sind es nur ein oder zwei Drahtzieher. Am wenigsten hat der eigene Ehemann ein Interesse, den (oder seinen!) Bekanntenkreis aufzugeben, denn er ist ja nicht direkt betroffen. Aber eine Aufspaltung der Gruppe durch wechselseitige Ausgrenzung des Mobbers und/oder des Gemobbten ist keine Alternative. Somit bleibt für das Opfer nur, die Brücken hinter sich abzubrechen.

In den Beispielen ziehen Carola und Doris die richtige Konsequenz und verlassen diese Gruppen. Es handelt sich hier auch nicht um Freundschaften. Das ist eindeutig an dem Verhalten in diesen Gruppen erkennbar. Ines dagegen steckt die Situation nicht so leicht weg. Sie reagiert mit körperlichen Symptomen. So schlagfertig wie Doris ist man in solch einer Situation nicht immer. Dies kann jedoch geübt werden. Unterschiedliche Stellen bieten Seminare an, in denen Schlagfertigkeit gelernt werden kann, fast an jeder Volkshochschule wie auch in der kirchlichen Erwachsenenbildung werden sie angeboten.

Streit in der Nachbarschaft

„Es kann der Frommste nicht in Frieden leben, wenn's dem bösen Nachbarn nicht gefällt!" Eine Weisheit, die sich in Deutschland tagtäglich tausendfach bewahrheitet, wenn Nachbarn sich gegenseitig das Leben vergällen. Streit unter Nachbarn gab es immer schon. Neu sind lediglich die enorme Zunahme der Streitereien, die Schärfe der Argumentation und der schnelle Gang zum Gericht. Über eine halbe Million

Gerichtsverfahren zerstrittener Nachbarn finden pro Jahr in Deutschland statt.[41] Gestritten wird über alles Mögliche: Katzendreck, Bäume, Hecken, die Lautstärke beim Feiern, das Bellen eines Hundes. Der Richter wird's schon richten. Unerträglich wird es, wenn Intrigen geschmiedet und Nachbarn verleumdet werden. Seine Nachbarn kann man sich selten aussuchen. Zusätzlich ist es kaum möglich, einer unangenehmen Person aus dem Weg zu gehen, die z.B. dasselbe Treppenhaus und denselben Wäschekeller benutzt. Die immer wiederkehrende Konfrontation wird so unausweichlich.

Nachbarschaftsstreitigkeiten unterschiedlicher Art sind fast jedem bekannt. Sie können bei kleinen Reibereien anfangen und bis hin zum handfesten Rechtsstreit führen. Eine besonders unangenehme Variante ist das Mobbing in der Nachbarschaft. Das Mobbing in der Nachbarschaft bedeutet eine Verletzung des häuslichen Friedens, der private Rückzugsort wird zum Kampfgebiet. Der Nachbar setzt beispielsweise böse Gerüchte in die Welt, die von anderen Nachbarn und sogar von Freunden und Verwandten aufgegriffen werden. Diese üble Nachrede kann auf das Mobbingopfer sehr verletzend wirken. Sie bedeutet eine Art des Mobbing, das bis in die privatesten Beziehungen eindringt und dort zerstörerisch wirken kann. Weitere Angriffe bestehen vielleicht aus direkten Beschimpfungen und Beleidigungen, so dass das Mobbingopfer sich kaum noch vor die Tür wagt, aus Sorge, dort wieder in das Kreuzfeuer des missgelaunten Nachbarn zu geraten. Auf diese Weise kann der Weg in den Wäschekeller oder am Nachbarhaus vorbei für den Angegriffenen zu einem echten Problem werden.

Auch Vandalismus gehört zum Mobbing in der Nachbarschaft. Abgestellte Kinderwägen oder Fahrräder werden vom Nachbarn beschädigt, Briefkästen werden aufgebrochen und vielleicht sogar Briefe geöffnet oder gestohlen. Mobbing in der Nachbarschaft kann bis zum Stalking führen: Der Nachbar verfolgt das Mobbingopfer regelrecht, lauert ihm auf und belästigt es mit dauernden Anrufen. Dies ist ein Psychoterror, der psychische Probleme hervorrufen kann.

Denise, 37:

> Ich wurde beim Vermieter, einer Wohnungsbaugenossenschaft, anonym der Prostitution bezichtigt, obwohl dieser Vorwurf eine Intrige und unhaltbar ist. Da ich aber nicht weiß, wer solch ehrabschneidende Behauptungen in Umlauf bringt, kämpfe ich gegen ein Phantom und kann niemandem mehr trauen.

Gestritten wird über alles

„Verbringe die Zeit nicht mit der Suche nach einem Hindernis, vielleicht ist keines da." (Franz Kafka)

Gestritten wird über alles Mögliche und Unmögliche: Wo Nachbarn sind, da gibt es immer auch Anlässe für Streitigkeiten, sei es ein krähender Hahn oder ein stinkender Komposthaufen, kitschige Gartenzwerge oder zu helle Außenlampen. Rasenmähen am Wochenende, zu laute Musik bei geöffneten Fenstern oder die Rauchschwaden vom Grill führen oft zu Streit, beschäftigen Polizei und Ordnungsamt und landen nicht selten vor Gericht. Ob das daran liegt, weil oder obwohl unser Nachbarschaftsrecht[42] sehr detailliert ist, mag dahingestellt sein. Am häufigsten geht es bei Streitereien um Lärm, Gartenpflege, kleine bauliche Veränderungen oder den Anstrich des Hauses. Oft steckt auch Neid dahinter. Selbst in einem Mehrfamilienhaus kann man es den Wohnungsnachbarn nicht immer recht machen: Die Fahrräder stehen falsch, der Hausflur ist nicht richtig geputzt. Nörgelnde Nachbarn können eine wahre Plage sein. In einer Großstadt ließ ein Hausbesitzer seinem Nachbarn eine 40-Watt-Lampe vor dem Haus gerichtlich verbieten: Sie beeinträchtige angeblich seinen Schlaf. Notorischen Querulanten in der Nachbarschaft ist schwer beizukommen und die Rechtslage ist nicht immer eindeutig. Vor allem, wenn es um Lärm geht, wird es schwierig. Ist das störende Geräusch schon Lärm oder muss ich es tolerieren?

Grundsätzlich muss man zwischen den verschiedenen Lärmquellen unterscheiden. Lärm kann innerhalb des Wohnraums verursacht werden, zum Beispiel von einer schleudernden Waschmaschine oder einem Staubsauger, durch Türenschlagen, lautstarken Streitereien, durch dröhnende Bässe, Partys usw. Lärmquellen außerhalb des Wohnraums sind Baustellen, Rasenmäher, Spielplätze oder auch Tiere. Dass Tiere laut sein können, wissen auch die deutschen Richter. Immer wieder sind Tiere Gegenstand von Nachbarschaftsstreitigkeiten. Ein Papagei krächzte den Nachbarn zu laut, der Fall landete vor Gericht. Urteil: Der Papagei darf nun nur noch zu bestimmten Zeiten in den Garten: Morgens zwischen 9 und 12 Uhr und nachmittags von 16 bis 17 Uhr. Das Gequake aus dem Gartenteich störte die Nachtruhe der Nachbarschaft: Statt der erlaubten 54 Dezibel lärmten die Tiere mit 64 Dezibel. Zu laut, entschied das Gericht. Da die

Frösche aber unter Naturschutz stehen, nicht getötet werden dürfen und der Teich nicht trocken gelegt werden darf, müssen die Störenfriede nun umgesiedelt werden. Das Wiehern von Pferden und das Blöken von Schafen muss geduldet werden. Wer auf dem Land wohnt, darf sich nicht über Weidetiere beschweren. Geringfügige „Unannehmlichkeiten" müssen geduldet werden, entschied das Oberverwaltungsgerichtes Koblenz. Es wies die Klage eines Landbewohners ab, der wegen weidender Pferde und Rinder auf dem Nachbargrundstück vor Gericht gezogen war.

Die genannten Anlässe für Nachbarschaftsstreitigkeiten haben mit der Verletzung begründeter oder vermeintlicher Rechte zu tun. Eine ganz andere Quelle für Konflikte unter Nachbarn ist menschliches Fehlverhalten. Gerade dann, wenn die Beziehungen sehr gut sind, ja schon freundschaftlich, wenn man sich vertraut, und beim Nachbarn ein- und ausgeht, drohen menschliche Enttäuschungen. Beispielsweise beginnt der Ehemann mit der schönen Nachbarin eine Affäre. Selten bleibt so etwas ein Geheimnis.

Ein weiteres Beispiel: Vier Nachbarinnen verstehen sich gut und beschließen, sich in regelmäßigen Abständen reihum bei Wein und Gebäck zu treffen. Das geht auch eine Weile gut. Aber, wie schon im Kapitel „Mobbing im Bekanntenkreis" festgestellt wurde, ist es eine große Versuchung, über Nichtanwesende zu „tratschen". So wurde einmal eine Unwahrheit über ein nicht anwesendes Quartettmitglied verbreitet und diesem hintertragen. Dieser Vertrauensverlust führte schließlich dazu, die Gruppe zu zerstören.

Anlässe für Nachbarschaftsstreitigkeiten gibt es reichlich und oft entstehen sie bereits durch Unterstellungen und Mutmaßungen, wie die *Geschichte mit dem Hammer von Paul Watzlawick*[43] zeigt:

Ein Mann will ein Bild aufhängen. Den Nagel hat er, nicht aber den Hammer. Der Nachbar hat einen. Also beschließt unser Mann, hinüberzugehen und ihn auszuborgen. Doch da kommt ihm ein Zweifel: Was, wenn der Nachbar mir den Hammer nicht leihen will?
Gestern schon grüßte er mich nur so flüchtig. Vielleicht war er in Eile. Aber vielleicht war die Eile nur vorgeschützt, und er hat etwas gegen mich. Und was?
Ich habe ihm nichts angetan, der bildet sich da etwas ein. Wenn jemand von mir ein Werkzeug borgen wollte, ich gäbe es ihm sofort. Und warum er nicht?
Wie kann man einem Mitmenschen einen so einfachen Gefallen abschlagen? Leute wie dieser Kerl vergiften einem das Leben. Und dann bildet er sich noch ein, ich sei auf ihn angewiesen. Bloß weil er einen Hammer hat. Jetzt reicht's mir wirklich. Und so stürmt er hinüber, läutet, der Nachbar öffnet, doch bevor er „Guten Tag" sagen kann, schreit ihn unser Mann an: „Behalten Sie sich Ihren Hammer, Sie Rüpel!"

Das ist ein Klassiker in der Psychologie. Man hangelt sich von einem Gefühl zum anderen. Man bringt es fertig, sich selbst schwierige Situationen, ja Stress zu schaffen, ohne eine Ahnung zu haben, sie selbst erschaffen zu haben. Hilflos dem Spiel unbeeinflussbarer Vorgänge ausgeliefert, kann man so völlig glaubwürdig nach Herzenslust leiden.

Wie mag es dem frustrierten Nachbarn wohl weiter ergangen sein? Vermutlich sitzt er – wieder in seiner Wohnung – mit seinem Bild in der Hand enttäuscht und verzweifelt über seine Mitmenschen und beschließt: „Nie wieder spreche ich einen an!" Das Schlimme aber ist, dass seine Mutmaßung, der Nachbar wolle ihm seinen Hammer nicht leihen, zur Autosuggestion (Selbsthypnose) wird. Ohne es zu merken, verstrickt er sich immer tiefer in seine Problemsicht. Das bezieht alle Ebenen mit ein: das Denken und Fühlen, das Handeln, die körperlichen Empfindungen und Prozesse.

So komisch und witzig Paul Watzlawick auch seine Geschichte mit dem Hammer geschrieben hat, sie ist bitterer Ernst, denn wie viele Dinge in unserem Leben gehen eben deshalb schief, weil wir genau so handeln, wie in dieser Geschichte beschrieben: Weil wir sowieso schon wissen, wie der andere reagieren wird, weil wir uns alles, was der gegen uns haben könnte, einreden und weil wir dem anderen gar keine Chance mehr geben, aus den Schubladen, in die wir ihn gesteckt haben, wieder herauszukommen. Wer immer nur das Schlechteste erwartet, dem anderen gar keine Chance gibt, das Gegenteil zu beweisen, wer nicht mit dem anderen redet und nicht einmal den Mund aufmacht, um zu sagen, was er eigentlich erwartet oder sich erwünscht, auf den kann man gar nicht eingehen, den kann man eigentlich nur enttäuschen, und der kann am Ende eigentlich auch nur unglücklich zurück bleiben.

Wie viele Missverständnisse, wie viele Unstimmigkeiten, wie viel Leid zwischen Menschen haben ihren Grund einzig und allein darin, dass Menschen nicht miteinander reden! Und wie viele Erwartungen, wie viele Wünsche bleiben auf ewig unerfüllt, weil keiner von ihnen erfährt.

Dabei müssten wir manchmal einfach nur den Mund aufmachen, reden, sagen was wir denken, was wir fühlen und was uns wichtig ist. Manche Wünsche, müssen nur ausgesprochen werden, damit man darum weiß und sie auch erfüllen kann.

Formen der Nachbarschaftsstreitigkeiten

Wenn die gegenseitigen Erwartungen der Nachbarn nicht erfüllt werden, kann es zu einem eskalierenden Nachbarschaftskrieg kommen. Wenn es dann einem der Kontrahenten gelingt, sich Schützenhilfe von anderen Nachbarn gegen seinen Widersacher zu verschaffen, beginnt ein Mobbingkrieg mit getarnten und offenen Aggressionen und vor allem mit Ausgrenzung.

Sandra, 39:

> Ich weiß nicht mehr, was ich tun soll. Seit etwa einem Jahr wohne ich in einem Mehrfamilienhaus und habe, obwohl ich freundlich auf alle Mitbewohner des Hauses zugegangen bin, von Anfang an Probleme mit den Nachbarn gehabt. Welche das genau sind, kann ich nicht sagen, denn alle tun scheißfreundlich.
> Es fing an während des Einzugs, ständig hatte ich Zettel am Auto, dass ich es wegstellen sollte, sonst würde es abgeschleppt werden. Dann hatte ich einen anonymen Brief im Briefkasten, ich hätte die Waschküche, den Trockenraum und sämtliche Kellergänge nicht gefegt, obwohl ich an der Reihe gewesen wäre. Als nächstes

wurden dann mein Fahrrad und das meiner Tochter massiv beschädigt, damals habe ich es noch für Zufall gehalten, doch nach der dritten Beschädigung war dann auch mir klar, dass das kein Zufall war. Nun muss meine Waschmaschine dran glauben, entweder wird sie ausgestellt, die Schleuderzahlen werden geändert, oder mal eben die Wäsche bei 90 Grad anstatt des eingestellten 30-Grad-Feinwäscheprogramm gewaschen. Man terrorisiert mich, indem man häufig bei mir Sturm schellt, manchmal bis zu 10 Mal in einer Stunde. Wenn ich die Tür öffne, hört man nur, dass ein Nachbar seine Wohnungstür schließt. Inzwischen passiert das Gleiche auch beim Telefon. Immer ruft irgendjemand an und legt auf, wenn ich rangehe. Vor zwei Wochen wurde mein Briefkasten aufgebrochen, auch reine Schikane, denn wer an die Post wollte, bräuchte nur von außen rein zu greifen. Die neueste Schikane besteht darin, dass mir immer wieder die Sicherungen herausgedreht werden, natürlich wenn die Spülmaschine läuft. Das kann doch alles so nicht weitergehen, da die Schikanen immer massiver werden. Ich weiß nicht, was als nächstes passiert, und vor allem, warum, denn alle Nachbarn geben sich total freundlich.

Max, 42:

Wir haben uns ein gebrauchtes Reihenhaus gekauft, in das meine Frau und unsere zwei Kinder (vier und sieben Jahre) vor zwei Jahren eingezogen sind. Wir sind nett auf unsere Nachbarn zugegangen, haben uns vorgestellt und alles dafür getan, damit eine friedliche Nachbar-

schaft möglich wäre. Einen möglichen Interessenkon-
flikt habe ich gleich befürchtet: Unsere Nachbarn sind
rund 20 Jahre älter als wir und deren Kinder sind schon
erwachsen und ausgezogen. Wir sind den Nachbarn offensichtlich ein Dorn im Auge, denn seitdem wir dort
wohnen, gibt es immer wieder subtile Angriffe, weil unsere Kinder angeblich zu laut sind, dass sie ihre Spiel-
sachen vor dem Haus liegen lassen und es aussähe wie
bei Asozialen. Niemand sagt uns direkt, was ihm nicht
passt. Ständig finden wir am oder im Briefkasten Zettel
mit Verhaltensmaßregeln. Als wir unseren Garten neu
angelegt haben, bat ich höflich, beide Nachbarn rechts
und links, ihre Birken, die direkt an unserem Grund-
stück stehen, etwas herunter zu schneiden, da sie uns
Licht und Sonne nehmen. Offensichtlich war das eine
Ungeheuerlichkeit von uns. Seitdem schmeißen beide
Nachbarn ihre Gartenabfälle einfach zu uns herüber.
Ich habe mich beschwert und darum gebeten, das in
Zukunft zu unterlassen. Seitdem werden wir nicht mehr
gegrüßt und systematisch geschnitten.

Keine vernünftige Auseinandersetzung –
der Umgang mit Nachbarschaftsstreitigkeiten

Es ist zwar unnötig, aber Nachbarschaftsstreitigkeiten über-
fluten die Gerichte, weil die Kontrahenten keine vernünf-
tige Auseinandersetzung zustandebringen. Dabei liegt der
Streitwert meist in einem lächerlichen Rahmen und die The-
men sind austauschbar: Hausordnung, Kinderlärm, Grillge-
ruch, Gartenpartys, lange Äste der nachbarlichen Ziersträu-

cher und Katzen, die keine Grenzen kennen. Die Zunahme der gerichtlichen Nachbarschaftsstreitigkeiten hat vielleicht auch damit zu tun, dass in Neubaugebieten heute sehr viel dichter gebaut wird als früher. Sicherlich ist eine Ursache aber auch in zunehmender Rechthaberei und einer nachlassenden Kompromissbereitschaft der Beteiligten zu suchen. Doch für den Großteil der Nachbarschaftsstreitigkeiten gibt es klare Gesetze und Urteile, über die man sich am besten informieren sollte, bevor man dem Nachbarn den Kampf ansagt. Grundsätzlich gibt es vier Möglichkeiten, mit Nachbarschaftskonflikten umzugehen: Kompromisse schließen, kämpfen, stillhalten oder flüchten.

Kompromisse schließen

Harald, 51:

Wir mussten berufsbedingt umziehen. Unser Einfamilienhaus liegt in einem schmucken Viertel und eigentlich sind wir sehr zufrieden. Unser unmittelbarer Nachbar schmeißt regelmäßig samstags um 18 Uhr, wenn alle auf Wochenende eingestellt sind, den Rasenmäher an. Ich unterstelle noch nicht einmal, dass uns der Nachbar bewusst ärgern will, aber für uns ist es unnötiger Ärger, weil wir gern am Wochenende mal unsere Ruhe haben möchten. Normalerweise haben wir uns als Neuzuzug zunächst einmal defensiv abwartend verhalten. Doch die Mäherei samstags nach 18 Uhr ging regelmäßig weiter. Eines Tages fasste ich Mut und sprach den Nachbarn an. Ich schlug ihm einen Kompromiss vor, dass er vielleicht zwei Stunden früher mähen könnte und wir ihm dann auch gern bei Dingen entgegenkommen würden, die womöglich ihn störten. Der Nachbar rückte damit raus, was ihn störte, nämlich das laute Zuklappen des Garagentors. Ich versprach ihm, im Gegenzug künftig das Garagentor bewusst vorsichtig zu schließen, um störende Klappgeräusche zu vermeiden.

Das Beispiel zeigt, dass sprechenden Menschen geholfen werden kann. Das Problem besteht allerdings häufig darin, dass einer den Anfang machen muss. Oft ärgern sich Nachbarn jahrelang übereinander, ohne dass der eine vom Ärger des anderen weiß und dadurch schaukeln sich manche Kleinigkeiten zu großen Problemen hoch, die nicht selten vor Gericht landen. Kompromisse können das verhindern und vielleicht hilft Ihnen dabei die Gewissheit, dass man bei Gericht häufig auch nicht sein Recht bekommt, sondern nur einen Vergleich, der nichts anderes ist als ein Kompromiss. Wenn Sie kompromissfähig sind, können Sie sich viel Geld und Ärger sparen. Es gibt viele Kompromissmöglichkeiten, z.B. sich dahingehend zu einigen, einen Baum zu fällen, der Ihrem Nachbarn die Sonne nimmt und er sich dafür an den Kosten beteiligt. Oder vereinbaren Sie, dass die Jugendparty beim Nachbarn dann steigt, wenn Sie in Urlaub sind. Denken Sie daran: Der Ton macht die Musik. Überfallen Sie neue Nachbarn nicht bei der ersten Begegnung mit einer Beschwerde. Stellen Sie sich vor, lassen Sie eine Woche verstreichen und bringen Sie erst dann Ihr Anliegen vor, aber warten Sie nicht zu lange, bis Sie auf einen Missstand reagieren. Ist das Treppenhaus zum dritten Mal ungeputzt oder Ihre Nachtruhe wiederholt gestört worden, wird es Ihnen schwer fallen, im Gespräch gelassen zu bleiben. Gehen Sie beim ersten Vorkommnis nicht automatisch davon aus, dass Ihre Nachbarn absichtlich rücksichtslos sind. Trauen Sie Ihren Mitmenschen das Beste zu, dann begegnen sie Ihnen viel offener. Vielleicht liegt es ja an einem Baumangel, dass die Geräusche aus der Nachbarwohnung bei Ihnen so extrem laut zu hören sind.

Einen Kompromiss mit einem oder mehreren Nachbarn zu schließen, setzt voraus, dass man überhaupt noch miteinander redet. Ein befreundeter Rechtsanwalt, der auch häufig mit üblem Nachbarschaftsstreit zu tun hat, glaubt, dass Nachbarn, die Konflikte untereinander haben, überhaupt nicht miteinander reden. Er sei immer wieder erstaunt, bei Gerichtsterminen feststellen zu müssen, dass viele Nachbarn bei einem Schlichtungstermin überhaupt das erste Mal miteinander über ein jahrelang bestgehendes Problem sprechen. Bevor es zu einer gerichtlichen Auseinandersetzung kommt, sollte man es daher mit Mediation versuchen, eine Klärung des Problems zu erreichen. Das aber setzt die Bereitschaft beider Parteien zur Einigung voraus – und die ist bei verfahrenen Positionen eher selten. Mediation ist die preiswertere Variante und fast immer kommt in einem Gerichtsverfahren auch nur ein Vergleich heraus, ohne einander besser kennen- und verstehen gelernt zu haben. Ein Gerichtsurteil ist teuer und baut wechselseitige Vorurteile nicht ab, sondern verhärtet sie.

Kämpfen
Juristisch gegen den oder die Nachbarn vorzugehen, kostet Zeit, Geld und Nerven und sollte nur erwogen werden, wenn es die Sache wert ist. Wichtig ist, sich im Zweifelsfall über mögliche Alternativen und Erfolgschancen beraten zu las-

sen – denn der Ausgang eines Rechtsstreites ist nie sicher. Einen Juristen zu bemühen, damit er einen Brief schreibt, sollte immer das letzte Mittel sein, denn, wenn beim Nachbarn erst einmal ein Anwaltsschreiben auf dem Tisch liegt, ist das ohnehin schwierige Verhältnis für immer vergiftet. Sie werden mit dem totalen Abbruch der Beziehung bestraft und je nachdem, wie stark Ihre soziale Verankerung in der Nachbarschaft ist und welche Stellung der Widersacher in ihr hat, laufen Sie Gefahr, von der gesamten Nachbarschaft geschnitten zu werden. Es gibt aber Fälle, mit denen man ohne juristische Hilfe nicht mehr zurechtkommt, wie folgendes Beispiel zeigt:

Christoph, 38, lebt in einem Mehrfamilienhaus. Er und seine Familie wurden seit über einem Jahr von ihrer Nachbarin tyrannisiert.

Wir hatten Ketchup im Briefkasten, ein Ei an der Tür, unsere Wäsche wurde verätzt, unser Auto war zerkratzt und wir werden ständig aufs Übelste beleidigt. Eine Nachbarin hat uns über 20 Mal angezeigt, wegen angeblicher Beleidigungen, Verleumdungen, Bedrohungen und Verstößen gegen das Tierschutzgesetz. Die meisten Vorwürfe hat die Staatsanwaltschaft nicht verfolgt. Wegen angeblicher Körperverletzung müssen wir uns aber vor Gericht verantworten. Unser Anwalt meint, dass das kein „üblicher" Nachbarschaftsstreit mehr sei, sondern ein Stalking-Fall.

In diesem Fall sollte sich der Mieter an einen Anwalt wenden, um zu prüfen, ob und welche Ansprüche in diesem Fall gegen den Vermieter bestehen und ob der Vermieter z. B. das Recht auf Mietminderung hat.

Stillhalten

Wenn Sie juristisch gegen Ihren oder Ihre Nachbarn nicht vorgehen wollen oder können und sich keine Kompromisse schließen lassen, gibt es nur noch die Möglichkeit, sich mit dem Verhalten des oder der Nachbarn abzufinden. Dabei hängt es von Ihrer seelischen Widerstandkraft ab, ob und wie Sie mit dem ständigen Ärger und dem Spannungsverhältnis fertig werden. Wenn Sie sich friedliche Beziehungen in der Nachbarschaft wünschen – und wer tut das nicht? –, aber Sie eine Mauer des Schweigens umgibt, wenn die Nachbarin die Türe zumacht oder wegguckt, wenn Sie auf der Straße erscheinen, wenn man Ihnen im Supermarkt aus dem Weg geht, dann werden Sie sich zunehmend unwohl fühlen. Diese Ausgrenzung kann Sie auch krank machen. Wenn sich also ein Maß an krankmachender Energie aufgestaut hat, bleibt nur die Flucht.

Flüchten

Während die Beendigung einer Vereinsmitgliedschaft oder der Ausstieg aus einem Bekanntenkreis bereits relativ schwer fällt, ist mit dem Verlassen des nachbarschaftlichen Umfeldes zusätzlich ein enormer organisatorischer und vor allem finanzieller Aufwand verbunden. Jeder von Ihnen weiß, was es heißt, eine neue Wohnung zu suchen, umzuziehen, eventuell Kinder in anderen Schulen anzumelden usw. Als einen „Supergau" kann man es aber bezeichnen, wenn Sie Ihr Haus aufgeben und ein neues erwerben müssen. Solche Entscheidungen „bricht man nicht übers Knie". Es dauert manchmal Monate, ehe ein Ersatzobjekt für Sie und ein solventer Käufer für Ihr Haus gefunden sind. Abgaben, Notariats- und Umzugskosten machen den kleinsten Teil des finanziellen

Aufwandes aus. Richtig teuer wird es, wenn es an die Renovierung geht. Wie auch immer der Fall bei Ihnen liegt, Sie werden sich für die Flucht entscheiden, wenn Sie am Ende sagen können: Das sind mir meine Gesundheit und mein Glück wert.

Jedem, der Mobbing in der Nachbarschaft am eigenen Leib erlebt, sei empfohlen, sich möglichst schnell Hilfe zu holen, um dem Mobbing Abwehr zu bieten. Wenn jegliches klärendes Gespräch, eventuell unter Vermittlung des Vermieters, mit dem mobbenden Nachbarn scheitert, dann ist in vielen Fällen der durch Mobbing geschädigten Person eher ein Umzug zu empfehlen, als dass sie sich der Situation weiter aussetzt. Rechtswidrige Übergriffe sollten der Polizei gemeldet werden. Und wenn das Mobbing in der Nachbarschaft bereits psychosomatische Beschwerden verursacht, ist dringend eine fachkundliche therapeutische Betreuung des Mobbingopfers anzuraten. Selbst wenn die Mobbingsituation nicht mehr besteht, sollte eine Therapie weiter fortgesetzt werden, bis die traumatischen Erlebnisse verarbeitet sind. Damit wieder ein entspanntes Leben ohne Mobbing in der Nachbarschaft und dessen krank machenden Folgen möglich wird.

Tipps zur Verbesserung des nachbarschaftlichen Umgangs:
• Halten Sie sich stets aus Lästerrunden heraus, in denen es um Ihren Nachbarn geht. Sie fahren am besten damit, dass Sie sich einfach mit den Worten „das geht mich nichts an" bzw. „dazu möchte ich mich nicht äußern" aus der Affäre ziehen und so weder für die eine, noch für die andere Seite Partei ergreifen.
• Seien Sie einfach tolerant, wenn in der Nachbarschaft eine Party gefeiert wird, kurzfristige Renovierungsarbeiten oder

ein lauter Streit stattfindet. Wenn Sie sich aber durch häufige laute Grillpartys oder allabendliche lärmende Streitgespräche gestört fühlen, sollten Sie freundlich aber bestimmt Ihr Recht auf Ruhe einfordern.

• Seien Sie stets freundlich und höflich zu Ihren Nachbarn. Gewöhnen Sie sich an, jeden zu grüßen, dem Sie im Treppenhaus oder im Aufzug begegnen, dadurch verwandeln Sie Anonymität in freundliche Distanz.

• Bedanken Sie sich bei den Nachbarn für kleine Gefälligkeiten (Einkäufe, Rasen mähen ...) möglichst nicht durch kostspielige Geschenke, sondern laden Sie diese mal auf eine Tasse Kaffee ein, bedanken Sie sich herzlich und aufrichtig für die Hilfe.

• Drohen Sie nicht direkt mit der Polizei oder einer Klage, wenn Ihr Nachbar sich einmal nicht „exakt" an die Hausordnung halten sollte. Ein vorübergehend im Hausflur abgestellter Kinderwagen oder spielende Kinder sind kein Grund, den Hausmeister oder sogar die Polizei zu rufen.

• Sinnvoll ist es bei Störungen jeglicher Art, das Gespräch mit dem Nachbarn zu suchen. Dabei ist es wichtig, sachlich zu bleiben und nach konstruktiven Lösungen zu suchen (keine persönlichen Angriffe, Unterstellungen und Beleidigungen!). Sobald sich der andere ernst genommen und nicht angegriffen fühlt, wächst auch seine Kompromissbereitschaft. Denken Sie daran, dass Sie mit dem Nachbarn vermutlich noch eine Weile zu tun haben werden!

Anekdote „Üble Nachrede" (Verfasser unbekannt)
Ein Nachbar hatte über Künzelmann schlecht geredet und die Gerüchte waren bis zu Künzelmann gekommen. Künzelmann stellte den Nachbarn zur Rede.

„Ich werde es bestimmt nicht wieder tun", versprach der Nachbar. „Ich nehme alles zurück, was ich über Sie erzählt habe."

Künzelmann sah den anderen ernst an. „Ich habe keinen Grund, Ihnen nicht zu verzeihen", erwiderte er. „Jedoch verlangt jede böse Tat ihre Sühne."

„Ich bin gerne zu allem bereit", sagte der Nachbar zerknirscht.

Künzelmann erhob sich, ging in sein Schlafzimmer und kam mit einem großen Kopfkissen zurück.

„Tragen Sie dieses Kissen in Ihr Haus, das hundert Schritte von meinem entfernt steht", sagte er.

„Dann schneiden Sie ein Loch in das Kissen und kommen wieder zurück, indem Sie unterwegs immer eine Feder nach rechts, eine Feder nach links werfen. Dies ist der Sühne erster Teil."

Der Nachbar tat, wie ihm geheißen. Als er wieder vor Künzelmann stand und ihm die leere Kissenhülle überreichte, fragte er: „Und der zweite Teil meiner Buße?"

„Gehen Sie jetzt wieder den Weg zu Ihrem Haus zurück und sammeln Sie alle Federn wieder ein."

Der Nachbar stammelte verwirrt: „Ich kann doch unmöglich all die Federn wieder einsammeln! Ich streute sie wahllos aus, warf eine hierhin und eine dorthin. Inzwischen hat der Wind sie in alle Himmelsrichtungen getragen. Wie könnte ich sie alle wieder einfangen?"

Künzelmann nickte ernst: „Das wollte ich hören! Genau so ist es mit der üblen Nachrede und den Verleumdungen. Einmal ausgestreut, laufen sie durch alle Winde, wir wissen nicht wohin. Wie kann man sie also einfach wieder zurücknehmen?"

Friedensgebet
Herr, hilf uns,
unsere Waffen abzulegen:
Die scharfen Worte,
die bösen Blicke,
die verletzende Sprache,
die giftigen Angriffe,
die lähmende Überheblichkeit,
das erdrückende Kraftprotzen,
die atemberaubenden Frechheiten,
den beißenden Spott und all das,
womit wir sonst
den täglichen Kleinkrieg führen.
Herr, gib' deinen Frieden
in unserer Sprache,
in unseren Blicken,
in unserem Intellekt,
in unserem Herzen.
— Ruth Rau —

Anhang

Quellen und Anmerkungen

1 Vgl. Hirigoyen, Marie-France (^{9}2009), Die Masken der Niedertracht, München: S. 11. Hirigoyen gebraucht dafür den Begriff „pervers".

2 Vgl. Hirigoyen, Maire-France (^{9}2009), Die Masken der Niedertracht, a.a.O., S. 51ff

3 Vgl. Döring, Dorothee (^{2}2007), Erste Hilfe bei Kränkungen, Steyr

4 Vgl. Molcho, Samy (1983), Körpersprache, München

5 Unter http://lexikon.stangl.eu/593/resilienz/ nach dem Stand vom 8.2.2011

6 Vgl. Reddemann, Luise (^{5}2007), Eine Reise von 1.000 Meilen beginnt mit dem ersten Schritt. Seelische Kräfte entwickeln und fördern, Freiburg

7 Hirigoyen, Maire-France (^{9}2009), Die Masken der Niedertracht, a.a.O., S. 51

8 Vgl. auch die Aufzählung schädlicher psychologischer Behandlungen in der internationalen Kinderrechtskonvention, zitiert nach Hirigoyen, Maire-France (^{9}2009), Die Masken der Niedertracht, a.a.O., S. 52

9 Vgl. Döring, Dorothee (^{2}2007), Erste Hilfe bei Kränkungen, a.a.O., S. 50f

10 Vgl. Döring, Dorothee (2011), Wie du und doch ganz anders. Von Müttern und Töchtern, Augsburg, S. 69

11 Unter http://wireltern.eu/news/parental-alienation-syndrome-eltern-entfremdungs-syndrom-pas.html nach dem Stand vom 8.2.2011
12 Vgl. Hirigoyen, Maire-France (^{9}2009), Die Masken der Niedertracht, a.a.O., S. 59, sie spricht von „unmittelbarer Gewalt"

13 Vgl. Hirigoyen, Maire-France (^{9}2009), Die Masken der Niedertracht a.a.O., S. 59–66

14 Bambaren, Sergio (⁴2000), Der träumende Delphin, München, S. 70f

15 Vgl. Döring, Dorothee (²2007), Erste Hilfe bei Kränkungen, a.a.O., S. 121ff

16 „Täter" können Männer und Frauen gleichermaßen sein.

17 Vgl. Schmidbauer, Wolfgang (2007), Mobbing in der Liebe, Gütersloh

18 Vgl. Schäfer-Hohmann, Maria (2004), Paarkommunikation – einige Regeln Unter http://www.familienhandbuch.de/cmain/f_Aktuelles/a_Partnerschaft/s_493.htmlnach dem Stand vom 8.2.2011 (Danach sprechen die meisten Paare lediglich zehn Minuten täglich miteinander.)

19 Hirigoyen, Maire-France (⁹2009), Die Masken der Niedertracht, a.a.O., S. 81

20 Unter   http://www.taz.de/1/politik/europa/artikel/1/psychische-gewalt-wird-strafbar/ nach dem Stand vom 8.2.2011

21 Unter   http://www.theratalk.de/studie_seitensprung_betrogene.html, nach dem Stand vom 08.02.2011

22 Lenz, Anita (2000), Wer liebt, hat recht. Die Geschichte eines Verrats, Köln

23 Wendt, Heike-Ulrike (2002), Du hast mich betrogen – Frauen erzählen von Liebe, Betrug und Verrat, Berlin

24 Unter http://www.abendblatt.de/vermischtes/journal/article861104/Warum-lassen-sich-Frauen-das-gefallen.html nach dem Stand vom 8.2.2011

25 Vgl. Döring, Dorothee (2007), Alte Liebe rostet nicht, Lahr, S. 55ff

26 Unter   http://www.jurablogs.com/de/der-neue-238-stgb-stalking-als-straftatbestand nach dem Stand vom 8.2.2011

27 Brown, Tina (2007), Diana - Die Biographie, München

28 GEWISunterhttp://www.psychotherapie.de/report/2000/10/00102301.htm nach dem Stand vom 8.2.2011 (befragt wurden 1.061 Frauen und Männer zwischen 20 und 65 Jahren)

29 Unter GEWIS http://www.psychotherapie.de/report/2000/10/00102301.htm nach dem Stand vom 8.2.2011

30 Leymann, H. (1996), (Hrsg.), Der neue Mobbing-Bericht – Erfahrungen und Initiativen, Auswege und Hilfsangebote, Reinbek

31 Psychologie-Lexikon: Mobbing Unter http://www.psychology48.com/deu/d/mobbing/mobbing.htm nach dem Stand vom 8.2.2011

32 Personalrat Hochschulbereich der Universität Leipzig: Mobbing – gibt es auch an unserer Universität! Unter http://www.uni-leipzig.de/~prhsb/mob.htm nach dem Stand vom 8.2.2011

33 Hirigoyen, Maire-France (^{9}2009), Die Masken der Niedertracht, a.a.O., S. 23

34 Vgl. Teuschel in „Forschung & Lehre" (Ausgabe 6/2010), zitiert nach: http://www.n24.de/news/newsitem_6126190.html nach dem Stand vom 8.2.2011

35 Hirigoyen, Marie-France (2002), Wenn der Job zur Hölle wird. Seelische Gewalt am Arbeitsplatz und wie man sich dagegen wehrt, München, zitiert nach www.amazon.de: Kurzbeschreibung des Buches

36 Unter http://www.strategien-gegen-mobbing.de/mobbing-beratung-koeln-nrw-05-mobbing-folgen.html nach dem Stand vom 8.2.2011

37 Unter http://www.heute.de/ZDFheute/inhalt/3/0,3672,8202115,00.html nach dem Stand vom 8.2.2011

38 Unter http://www.innovations-report.de/html/berichte/studien/aktuelle_zepf_studie_zeigt_nahezu_zwei_millionen_138993.html nach dem Stand vom 8.2.2011

39 Vgl. unter http://www.mobbingberatung.info/media/stuttgarter.pdf

40 Vgl. unter http://www.heute.de/ZDFheute/inhalt/3/0,3672,8202115,00.html nach dem Stand vom 8.2.2011

41 Vgl. unter http://www.mobbing.net/nachbarschaftsstreit.htm

42 Vgl. unter http://de.wikipedia.org/wiki/Nachbarrecht nach dem Stand vom 8.2.2011

43 Watzlawick, Paul (^{21}1983), Anleitung zum Unglücklich sein, München, 37ff

Weiterführende Literatur

(1) Unterdrückung der Meinungs- und Glaubensfreiheit

Hirsi, Ayaan (2006), Mein Leben, meine Freiheit, München

Deppe, Monika (2007), Die Zeugen Jehovas. Auch ich habe ihnen geglaubt. Sanfter Einstieg, harter Ausstieg, Gießen

(2) Familiengeheimnisse

Döring, Dorothee (2008), Familiengeheimnisse und Tabus – Wie Sie sich Ihrer Vergangenheit stellen können, Heidelberg

(3) Seelische Gewalt in der häuslichen Pflege

Döring, Dorothee (2008), Gemeinsam statt einsam – Wenn meine Eltern Pflege brauchen, Moers

Döring, Dorothee (2004), Rollentausch – Wenn Eltern in die Jahre kommen, Neukirchen-Vluyn

(4) Verbale Gewalt

Herrmann, Steffen, K., Sybille Krämer, Hannes Kuch (2007), Verletzende Worte – Die Grammatik sprachlicher Missachtung, Bielefeld

(5) Emotionale Abhängigkeit

Hirigoyen, Marie-France ([9]2009), Die Masken der Niedertracht, München

Röhr, Heinz-Peter (2008), Wege aus der Abhängigkeit. Destruktive Beziehungen überwinden, München

(6): Stalking

Übel, Thorsten (2010), Stalking – Eine empirische Analyse, München

(7) Schwiegermütter- Schwiegertöchter

Gall, Ruth (2008),Wege aus der Schwiegermutter-Falle, Paderborn

Döring, Dorothee (^{2}2008), Erste Hilfe bei Kränkungen – Seelischen Verletzungen in der Familie aktiv begegnen, Steyr

Eder, Ruth (2000), Die Mutter meines Mannes. Schwiegermütter – Schwiegertöchter. Freiburg

Pilgrim, Volker Elis (1991), Muttersöhne, Reinbek

(8) Mobbing in der Schule und am Arbeitsplatz

Hirigoyen, Marie-France (2002), Wenn der Job zur Hölle wird. Seelische Gewalt am Arbeitsplatz und wie man sich dagegen wehrt, München

Kampka, Anka / Brede, Nathalie / Brede, Ansgar (2008), Keine Angst vor Mobbing! Strategien gegen den Psychoterror am Arbeitsplatz, Stuttgart

Kindler, Wolfgang (2009), Schnelles Eingreifen bei Mobbing, Mülheim an der Ruhr

Juristische Anmerkungen
zur Umgangsvereitelung

Das Umgangsrecht steht dem biologischen Elternteil auch
zu, wenn er nicht mit dem anderen Elternteil verheiratet ist.
Zunächst gilt der §1684 BGB:

(1) Das Kind hat das Recht auf Umgang mit jedem Elternteil; jeder Elternteil ist zum Umgang mit dem Kind
verpflichtet und berechtigt.

(2) Die Eltern haben alles zu unterlassen, was das Verhältnis des Kindes zum jeweils anderen Elternteil beeinträchtigt oder die Erziehung erschwert. Entsprechendes
gilt, wenn sich das Kind in der Obhut einer anderen Person befindet.

(3) Das Familiengericht kann über den Umfang des Umgangsrechts entscheiden und seine Ausübung, auch gegenüber Dritten, näher regeln. Es kann die Beteiligten
durch Anordnungen zur Erfüllung der in Absatz 2 gere-
gelten Pflicht anhalten.

(4) Das Familiengericht kann das Umgangsrecht oder
den Vollzug früherer Entscheidungen über das Umgangsrecht einschränken oder ausschließen, soweit
dies zum Wohl des Kindes erforderlich ist. Eine Entscheidung, die das Umgangsrecht oder seinen Vollzug
für längere Zeit oder auf Dauer einschränkt oder aus-
schließt, kann nur ergehen, wenn andernfalls das Wohl
des Kindes gefährdet wäre.

Der Elternteil, der aufgrund Vereinbarungen oder gerichtli-
che Anordnungen ein Umgangsrecht mit seinen Kindern hat,
hat juristische Möglichkeiten, sein Umgangsrecht durchzu-

setzen. Das Gericht kann gegen den Elternteil, der den Umgang fortlaufend verhindert, Zwangsgeld oder Zwangshaft anordnen oder sogar anordnen, dass der Gerichtsvollzieher dem einen Elternteil das Kind wegnimmt und dem anderen Elternteil übergibt. Nimmt der Gerichtsvollzieher das Kind dem sorgeberechtigten Elternteil weg und übergibt es dem anderen Elternteil, stellt dies grundsätzlich das letzte Mittel zur Durchsetzung des Umgangsrechts dar. Die Verhinderung des Umgangs kann sich zudem auf das Sorgerecht auswirken. Hat der Elternteil, der fortlaufend den Umgang mit dem Kind verhindert, das alleinige Sorgerecht, so kann dies entweder eingeschränkt oder entzogen werden.

Der Elternteil, dem das Umgangsrecht vereitelt wird, kann strafrechtlich gegen seinen Ex-Partner vorgehen, denn die Vereitelung des Umgangsrechts ist eine Straftat (Kindsentziehung). Der allein sorgeberechtigte Elternteil macht sich strafbar, wenn er dem umgangsberechtigten Elternteil dem Umgang mit dem Kind vereitelt und ihm somit das Kind entzieht.

Adressen zu Mobbing

Seit 1999 besteht die private Online-Bürgerinitiative www.mobbing-web.de, die zu einer festen Adresse für betroffene Arbeitnehmer und Betriebe geworden ist. Das Non-Profit-Netzwerk besteht aus Privatpersonen, Unternehmen, Vereinen und Selbsthilfegruppen, die mit zahlreichen Informations- und Beratungsangeboten, Aktionen und Veranstaltungen gegen Mobbing, Diskriminierung und Gewalt am Arbeitsplatz mobil machen.

Unter den folgenden Links finden Mobbingopfer Informationen und Ansprechpartner:

- www.schueler-mobbing.de – www.schulpsychologie.de – 0800/1110333 (kostenlose Hotline der BundesArbeitsGemeinschaft Kinder- u. Jugendtelefon e.V., Mo-Fr. 15-19 Uhr)
- www.bke-jugendberatung.de (Sorgenchat-Team)

Dorothee Döring

Wie du und doch ganz anders
Von Müttern und Töchtern

Die eine fühlt sich überbehütet und nie losgelassen, die andere nicht ernst genommen oder gar vernachlässigt. Das Verhältnis von Müttern und Töchtern ist stets hoch emotional, aber selten konfliktfrei. Dorothee Döring lässt beide zu Wort kommen: Der Perspektivenwechsel garantiert spannende Lektüre und interessante Einblicke.

ISBN: 978-3-86744-178-0
Kt., 168 Seiten

www.sankt-ulrich-verlag.de

Helga Kramer-Niederhauser

Steine und Blumen
Krisen in der Partnerschaft überwinden

Sie gehören zu jeder Beziehung: Steine wie Blumen, Probleme wie Glücksmomente. Paare verraten, wie sie ihre Krisen, Streitigkeiten, Konflikte erfolgreich gemeistert haben – fachmännisch begleitet und kommentiert von einer erfahrenen Psychotherapeutin und Eheberaterin.

ISBN: 978-3-86744-142-1
Kt., 192 Seiten